CLV

Jean Gibson

Training im Christentum 1

CLV
Christliche
Literatur-Verbreitung e.V.
Postfach 11 01 35 · 33661 Bielefeld

1. Auflage 1988
2. Auflage 1990
3. Auflage 1991
4. Auflage 1993
5. Auflage 1999
6. Auflage 2002
7. Auflage 2006
8. Auflage 2011

Originaltitel: Basic Christian Training

Postfach 11 01 35 · 33661 Bielefeld
Internet: www.clv.de

Umschlag: OTTENDESIGN.de, Gummersbach
Druck und Bindung: CPI – Ebner & Spiegel, Ulm

ISBN 978-3-89397-601-0

Inhalt

Vorwort

„Alle Schrift ist von Gott eingegeben und nütze zur Lehre . . . zur Unterweisung in der Gerechtigkeit, auf daß der Mensch Gottes vollkommen sei, zu jedem guten Werke völlig geschickt“ (2. Tim. 3,16.17). Hier stellt uns Gott ein klares Ziel vor Augen – den Christen als „vollkommenen“, erwachsenen „Menschen Gottes“, dessen geistliche Reife sich in seinen praktischen Fähigkeiten zu „jedem guten Werke“ äußert – und ein einzigartiges Mittel: „alle Schrift“, angewandt in Lehre und praxisbezogener „Unterweisung zur Gerechtigkeit“.

Diese Aufgabe ist heute wieder stärker ins Bewußtsein gerückt. Davon zeugt die große Anzahl des gegenwärtig erscheinenden bibelbezogenen Lehr- und Schulungsmaterials sowie auch die zunehmende Zahl innergemeindlicher und überörtlicher Seminare und Kurswochenenden.

Ein von vielen Teilnehmern und Leitern oft empfundener Mangel ist jedoch, daß vieles davon häufig auf die Theorie beschränkt bleibt, weil Zeit und Gelegenheit zu praktischer Übung und Anwendung fehlen. Ebenso sind fast alle auf eine längere Zeitspanne angelegten Bibel- und Bibelfernkurse auf die Vermittlung theoretischer Kenntnisse in Lehr- und Lebensfragen beschränkt.

Die fünfteilige Kursreihe „Training im Christentum“ (Erscheinungstermine: Kurs 1: 1988, Kurs 2 und Neuauflage Kurs 0: Frühjahr 1989, Kurs 3: Ende 1989, Kurs 4: 1990) versucht dieser Problemstellung Rechnung zu tragen. Die einzelnen Bände wollen nicht als bloße „Kurse“ verstanden werden, die lediglich gelernt und schriftlich abgeprüft werden, sondern – wie der Titel sagt – als Teil eines „Trainingsprogramms“ im christlichen Glauben, das durch eine konsequente Verbindung von Lehre und praktischen Aufgaben dem jungen Christen beim Erwerb und der Anwendung praktischer geistlicher Fähigkeiten Hilfe leisten möchte.

Das Material dieser Reihe ist vor etwa zehn Jahren in der Fairhaven Bible Chapel, San Leandro, Californien (einer selbständigen örtlichen Gemeinde nach neutestamentlichem Muster, in der übrigens auch W. MacDonald, weltbekannter Autor zahlreicher Veröffentlichungen zu Jüngerschaft, Seelsorge, Gemeinde und Bibelauslegung, als Mitarbeiter tätig ist) entwickelt und erprobt worden. Inzwischen sind diese Kurse in mehrere Sprachen übersetzt und in deutsch in ihrer Rohform schon seit etlichen Jahren in Gemeinden vor allem in Österreich und Süddeutschland mit deutlich spürbarem Segen eingesetzt worden. Eine immer stärker einsetzende Nachfrage führte dazu, daß sie nun auch in verbesserter und überarbeiteter Form allgemein zugänglich gemacht werden.

Allerdings sollte man eines nicht vergessen. Kein Material – auch das vorliegende nicht – ist ein „Wundermittel". Entscheidend ist der Charakter und die geistliche Hingabe der Person, die das Material präsentiert, und die Motivation und Lernbereitschaft derer, die damit arbeiten sollen. Sofern dies aber gegeben ist, kann dieser Trainingskurs ein hilfreicher Schritt hin zu dem großen Ziel der Ausbildung geistlich reifer und fähiger Mitarbeiter sein.

Die im Kurs angeführten Bibelstellen wurden nach der Revidierten Elberfelder Bibelübersetzung zitiert. Für Leiter und Lehrende ist zu dem Kurs ein Leiterheft mit vielen praktischen Anregungen und Ratschlägen erschienen, das kostenlos beim Verlag bezogen werden kann.

Alois Wagner

LEKTION 1

Ein Panorama des Evangeliums

„*Anfang des Evangeliums Jesu Christi,* des Sohnes Gottes" (Mark. 1,1). So beginnt der inspirierte Bericht über das Leben und den Dienst des Herrn Jesus Christus. Der wesentliche Kern des christlichen Glaubens – der gewaltigsten Botschaft, die je von Menschen gehört wurde – ist dieser: „...daß Christus für unsere Sünden gestorben ist nach den Schriften, und daß er begraben wurde, und daß er auferweckt worden ist am dritten Tag nach den Schriften" (1. Kor. 15,3.4). In Johannes 3,16 wird dies so zusammengefaßt: „Denn so sehr hat Gott die Welt geliebt, daß er seinen eingeborenen Sohn gab, damit jeder, der an ihn glaubt, nicht verloren gehe, sondern ewiges Leben habe." Das ist tatsächlich gute Nachricht, denn das ist es, was das Wort „Evangelium" bedeutet. Der Weg zu Gott ist für den Menschen geöffnet worden und Er hat befohlen, daß diese Botschaft jedem Geschöpf auf dem Erdboden gepredigt wird (Mark. 16,15).

Was wissen wir über das Evangelium? Sein Ursprung ist Gott und nicht der Mensch. Es ist das Evangelium Gottes (Röm. 1,1; Gal. 1,11; 1. Thess. 2,2.9). Sein zentrales Thema ist eine lebendige Person. Es ist das Evangelium des Sohnes Gottes, unseres Herrn Jesus Christus (Röm. 1,3.9; 5,19). Sein Ziel ist es, Menschen zu Gott zu führen. Es ist das Evangelium unseres Heils (Eph. 1,13). Es ist an die gerichtet, die es nicht verdienen. Es ist das Evangelium der Gnade Gottes (Apg. 20,24). Es gilt ewig. Es ist das ewige Evangelium (Off. 14,6).

Niemand kann es sich leisten, diese Botschaft, die über Leben oder Tod entscheidet, zu ignorieren. Gott ruft die Menschen auf, dem Evangelium zu gehorchen und warnt sie vor dem Gericht, wenn sie es nicht tun (2. Thess. 1,8; 1. Petr. 4,17; Röm. 10,16). Weil Glauben die geforderte Reaktion auf das Evangelium ist, besteht die dringende Notwendigkeit, es bekannt zu machen (1. Kor. 9,16; Apg. 1,8). Jeder, der versucht, diese Botschaft abzuändern, ist verflucht (Gal. 1,7–9). Das trifft ganz besonders auf jene Personen zu, die lehren, daß Werke oder Rituale dem Glauben an das Evangelium zur Errettung hinzugefügt werden müssen.

Diese Botschaft von Gott ist nicht plötzlich und ohne vorherige Ankündigung in der Welt erschienen. Die Notwendigkeit der Errettung des Menschen von Sünde und Tod war vom Anfang der Geschichte an, schon in den ersten Kapiteln der Bibel, offensichtlich. Ebenso wurde schon in 1. Mose 3,15 der Plan Gottes gezeigt, dies durch einen verheißenen

Erlöser zu bewirken. Die blutigen Opfer des Alten Testamentes waren ein Hinweis auf das ein für allemal gültige Opfer Christi am Kreuz (Hebr. 10,1–4.10–12). Das Alte Testament versprach einen neuen Bund oder ein neues Testament, welcher großartiger als der alte sein würde (Jer. 31,31–33). Der von Gott gesandte Erlöser sollte für alle Menschen kommen (Jes. 42,1.6). Prophezeiung und Erfüllung sind untrennbar in dem *einen* Herrn verbunden, in dem *einen* Glauben und in der *einen* Errettung (Eph. 4,4–6). Es gibt nur *einen* Weg zu Gott (Joh. 14,6; Apg. 4,12).

Trennung von Gott

Der Mensch war für Gott geschaffen – zu Seiner Freude und Verherrlichung (Off. 4,11; Jes. 43,7). Gottes ewiger Plan für den Menschen war, Sein Bildnis zu tragen und dadurch Seine Herrlichkeit zu offenbaren (1. Mo. 1,26.27; Röm. 8,29). Gott hat den Menschen mit einem freien Willen und nicht als einen gesteuerten Roboter geschaffen. Es stand dem Menschen frei, Gott zu lieben und Ihm zu gehorchen oder es nicht zu tun.

1. *Die Prüfung des Menschen.* Er lebte in einem schönen Garten und erfreute sich der Gemeinschaft mit Gott. Es war ihm nur eine Einschränkung auferlegt, um die Fortdauer dieser Gemeinschaft zu gewährleisten. Dem Menschen war es verboten, von der Frucht des Baumes der Erkenntnis von Gut und Böse zu essen. Es bestand die Möglichkeit, zu gehorchen oder nicht zu gehorchen, Gottes Wort zu glauben oder nicht zu glauben (1. Mo. 2,15–17).

2. *Der Ungehorsam des Menschen.* Der Teufel, in Gestalt einer Schlange, widersprach Gott und sagte, der Mensch würde nicht sterben, wenn er von der verbotenen Frucht essen würde. Und der Mensch glaubte lieber dieser Lüge als dem Wort Gottes, der ihn liebte. Dieser Ungehorsam brachte eine verhängnisvolle Veränderung mit sich, genannt der Sündenfall (1. Mo. 3,1–7). Das Resultat war augenblicklicher geistlicher Tod, welcher Ausschluß aus der Gemeinschaft mit Gott bedeutet (1. Mo. 3,8), und letztendlich physischer Tod, durch welchen die Seele des Menschen von seinem Körper getrennt wird (1. Mo. 5,3–5).

3. *Das Problem des Menschen.* Die Folgen dieses Ungehorsams waren nicht allein auf den ersten Menschen beschränkt. Sünde und Tod kamen durch ihn über die ganze Menschheit (Röm. 5,12). Das Wesen des Menschen war verändert, so daß er ein Feind Gottes wurde. Er

wurde zum Sünder, sowohl in seinem Wesen (Eph. 2,3) als auch in seinen Taten (Röm. 3,23). Der Lohn dieser Sünde war und ist der Tod (Röm. 6,23). Jede Sünde verdient die Todesstrafe (Hes. 18,4). Der Mensch ist deshalb „tot in Übertretungen und Sünden" (Eph. 2,1.5). Dieser Tod ist gegenwärtiger *geistlicher* Tod, d.h. Trennung von Gott. Der Tod bleibt ein ständiger Hinweis auf den schrecklichen Lohn der Sünde (Hebr. 9,27; Jak. 1,15). Über den physischen Tod hinaus, der die Seele vom Körper trennt, folgt der zweite Tod, der die Seele ewig von Gott trennt (Off. 20,11–15). Sogar im gegenwärtigen Leben ist Sünde die letztliche Ursache aller Schwierigkeiten, Krankheiten, Leiden und der Entfremdung von Gott.

Stellvertretung für den Sünder

Die Schrift sagt uns, daß Gott seine gefallenen Geschöpfe liebte (Eph. 2,4.5; 1. Joh. 4,10). In Seiner Absicht, sie vom geistlichen Tod, der zum ewigen Tod geworden wäre, zu erretten, sah Er sich jedoch einem moralischen Problem gegenüber. Gott ist absolut gerecht, so daß die Strafe für die Sünde bezahlt werden mußte (2. Mo. 34,7). Gott ist aber auch barmherzig und liebevoll und Ihn verlangt nach der Errettung seiner gefallenen Geschöpfe (2. Petr. 3,9). Wie können vollkommene Gerechtigkeit und liebende Barmherzigkeit in Einklang gebracht werden?

1. *Die Lösung Gottes.* Durch den Herrn Jesus Christus wurde ein Weg gefunden, einerseits der Gerechtigkeit Gottes durch die Bezahlung der Schuld und andererseits der Liebe Gottes durch die Errettung des Menschen vom ewigen Tod Genüge zu tun. Die Methode sollte Stellvertretung sein, wobei die Strafe stellvertretend von einem anderen für den Menschen bezahlt würde (Jes. 53,4–6). Christus würde der große Sündenträger werden (1. Petr. 2,24; 3,18). Der Sohn wurde Mensch, weil für die Bezahlung der Sünde ein Menschenleben gefordert wurde (Apg. 2,22). Er war ohne Sünde und damit auch frei vom Anspruch des Todes auf sein menschliches Leben (2. Kor. 5,21). Sein Leben war so unendlich wertvoll, daß es ausreichte, ein Lösegeld für alle zu schaffen (1. Tim. 2,6). Gottes Herz öffnete sich weit für alle Menschen (1. Tim. 2,4). Es ist wichtig zu beachten, daß nur Gott ein Retter des Menschen sein kann (Jes. 43,11; 45,21). Der Herr Jesus hat diese Forderung erfüllt (Matth. 1,21–23).

2. *Die Offenbarung Gottes.* Der Plan Gottes wurde schon in den ersten Kapiteln von 1. Mose keimhaft geoffenbart. Der Versuch unserer Stammeltern, ihre Sünde durch eigene Anstrengung zu bedecken,

zeigt sich deutlich in ihrer Feigenblattkleidung (1. Mo. 3,7). Es war eine Maßnahme, die ihre Nacktheit und Sünde vor einem heiligen Gott nicht verbergen konnte. Er gab ihnen die Felle von Tieren als Kleidung (1. Mo. 3,21). Dieser Ersatz konnte nur nach Blutvergießen gegeben werden. So begann das Opfern von Tieren. Die nächste Generation gibt uns ein weiteres Beispiel. Kain opferte Gott die Früchte seiner Arbeit auf den Feldern, während Abel Gott ein Blutopfer brachte. Gott nahm das letztere an, verwarf aber das Opfer Kains. Kains Opfer ist typisch für den Versuch des Menschen, durch Werke Gott näher zu kommen (1. Mo. 4,3–5). Jene, die auf Grund von Werken und Verdiensten Anerkennung bei Gott suchen, gehen „den Weg Kains" (Jud. 11). Der Weg zu Gott ist nur durch ein blutiges Opfer, nicht durch menschliche Werke möglich. Eine weitere Illustration finden wir in dem wichtigsten jüdischen Fest, dem Passahfest. Bei seiner Einführung, vor dem Auszug Israels aus Ägypten, wurde in jedem Haus ein fehlerloses Lamm geopfert. Sein Blut wurde zum Schutz vor dem göttlichen Gericht an allen Erstgeborenen an die Türpfosten und Oberschwellen gestrichen. Auf Grund dieses Blutopfers ging Gott an diesen Häusern vorüber und verschonte sie vor dem Tod (2. Mo. 12,3–14.21–27). Das Opfersystem im Alten Testament setzte diese Lehre fort. Diese Opfer waren Schatten dessen, was kommen sollte, der Tod Christi am Kreuz (Kol. 2,17). Die vorangegangenen Opfer konnten die Sünde nicht auslöschen, aber sie dienten als Hinweise und Vorbilder des einen Opfers, das dazu in der Lage ist (Hebr. 10,1–4). Das endgültige und ewige Opfer für Sünden war das Opfer Jesu Christi am Kreuz. Dieses Opfer hat die Sünde für den, der daran glaubt, abgeschafft (Hebr. 9,12–14.26; 10,10.12). Daraus sehen wir, daß Gott von Anfang an eine Grundlage des Glaubens zur Errettung geschaffen hat. Die Erfüllung des Planes war das Kommen des Sohnes Gottes selbst (Hebr. 1,1.2). Diese Weisheit Gottes war den bösen Mächten durch all die vorangegangenen Zeitalter hindurch verborgen geblieben (1. Kor. 2,7.8).

3. *Der Weg Gottes.* Wenn der Herr Jesus Christus in seinem Opfer am Kreuz der einzige Weg zu Gott ist, wie wurden dann im Alten Testament die Gläubigen gerettet? Sie wurden auf genau derselben Grundlage gerettet wie auch wir, nämlich durch Gnade und durch Glauben, ohne den Verdienst eigener Werke (Eph. 2,8.9). Sie starben im Glauben, ohne die Erfüllung der Verheißungen des Alten Testamentes gesehen zu haben, daß der Erlöser, der Messias, kommen würde.

Sie waren jedoch überzeugt, daß die Verheißungen wahr waren und haben sie beherzigt (Hebr. 11,13). Gott hat ihren Glauben als Gerechtigkeit gerechnet (Röm. 4,3; Jak. 2,23). Das Werk Christi galt für sie genau so, wie es für uns noch heute gilt (2. Kor. 5,21). Wenn auch die Einzelheiten der Botschaft unterschiedlich waren, wurde doch das Evangelium auch den Menschen im Alten Testament gepredigt (Hebr. 3,16–4,2; 1. Petr. 4,6). Sie glaubten Gott und bewiesen die Echtheit dieses Glaubens durch Gehorsam Ihm gegenüber. Johannes der Täufer hat diese Lehre fortgesetzt, bevor Jesus Sein öffentliches Wirken begann. Er sagte den Menschen, daß sie Buße tun und dem Evangelium glauben sollten (Mark. 1,15). Der Herr Jesus Christus predigte das Evangelium vom Königreich (Matth. 4,23; 9,35). Ihn als König aufzunehmen, hieß in sein Königreich einzugehen. So sagte Er ihnen auch, daß das Königreich Gottes in ihrer Mitte sei, als Er vor ihnen stand (Luk. 17,21).

4. *Die Befriedigung Gottes.* Gott der Vater hat an Seinem Sohn Wohlgefallen gefunden (Matth. 3,17). Er ist befriedigt mit der vollkommenen Reichweite des Werkes am Kreuz, welches die Sündenschuld tilgt und uns vor Gott angenehm macht. „Es ist vollbracht" (Joh. 19,30). Es ist kein weiteres Opfer für die Sünde notwendig und unserer Ungerechtigkeiten wird nie mehr gedacht (Hebr. 10,17–18). Durch den Herrn Jesus Christus ist uns Gott wohlgesinnt (1. Joh. 2,1; Hebr. 2,17). Das Lamm Gottes hat den vollen Preis für die Sünden der Welt bezahlt (Joh. 1,29; 1. Joh. 2,2). Seine Auferstehung hat der Welt bewiesen, daß Gott in allem, was Er getan hat, vollkommene Befriedigung gefunden hat (Apg. 2,22–24).

Errettung für den Gläubigen

Jeder Mensch muß persönlich zu Gott kommen, um errettet zu werden, indem er Jesus Christus in diesem Leben als seinen Retter aufnimmt (Joh. 1,12–13). Die Reaktion des Menschen auf Gott bringt ihn in eine von zwei Gruppen von Menschen: *Kinder Gottes* und *Gottlose*. Sie sind Glieder verschiedener *geistlicher* Familien, mit unterschiedlichen Vätern, unterschiedlichen Früchten und unterschiedlicher Zukunft.

1. *Kinder des Ungehorsams* (Eph. 2,2; 5,6). Ihr Verhalten Gott gegenüber bestätigt diesen Ausdruck. Der Ausdruck „Kinder des Zorns" (Eph. 2,3) deutet auf ihre Zukunft hin. Wer ihr eigentlicher Vater ist, wird durch die Beschreibung „Kinder des Teufels" (1. Joh. 3,10.8) klar.

2. *Kinder Gottes* (Röm. 8,16.17; Joh. 1,12). Sie können auf Grund des

Ausdruckes Glaubensgehorsam (Röm. 16,26) auch als Kinder des Gehorsams bezeichnet werden (1. Petr. 1,14). Ihr Ja zum Glauben ist der „Gehorsam Jesu Christi“ (1. Petr. 1,2). Dieser Gehorsam gilt der Botschaft des Evangeliums. Weil sie zu denen gehören, die auf dem Weg des Glaubens sind, werden sie auch Söhne Abrahams genannt (Gal. 3,7). Jesus Christus sagte, daß Abrahams Kinder auch „die Werke Abrahams tun“ (Joh. 8,39). Die Veränderung in ihrem Leben bewirkt auch, daß sie „Söhne des Lichtes“ genannt werden (Joh. 12,36; 1. Thess. 5,5). Sie sind nicht *durch* gute Werke, sondern *zu* guten Werken gerettet (Eph. 2,10; Tit. 3,8). Der Sinn der Errettung war, daß diejenigen, die in Sünden tot waren, von nun an der Gerechtigkeit leben sollen (1. Petr. 2,24). Der Hauptunterschied zwischen den beiden Familien besteht in ihrem Glauben. Die Kinder des Ungehorsams, die sich auf dem Weg Kains befinden, vertrauen auf ihre eigenen Leistungen und Anstrengungen in ihrem Leben vor Gott. Sie wollen dem Evangelium nicht gehorchen und nicht allein auf Grund des vollkommenen Werkes Jesu Christi zu Gott kommen. Sie vertrauen auf ihre eigene Frömmigkeit, ihre eigenen Ideen und Lebensphilosophien. Im Gegensatz dazu sind die Kinder Gottes zu der Erkenntnis gekommen, daß sie einen Erlöser brauchen. Sie haben Buße getan (Luk. 13,3; 15,7; 24,47; Apg. 2,38; 3,19). Sie sind im Glauben zu Gott gekommen (Apg. 20,21; 26,20). Ihr Glaube stützt sich ausschließlich auf das Blut Jesu Christi, durch welches sie gerettet werden (Röm. 3,25). Sein Blut allein kann uns von aller Sünde reinigen (1. Joh. 1,7; Off. 1,5).

Zusammenfassung

Gott hatte schon vor Grundlegung der Welt die Errettung des Menschen geplant. Er hatte Verlangen nach Gemeinschaft mit denjenigen, die bereit waren, Ihn aus freier Entscheidung heraus zu lieben und Ihm zu gehorchen. Der Anfang des Ungehorsams hat Ihn nicht überrascht. In seinem Ratschluß war bereits vor Grundlegung der Welt das Lamm Gottes ausersehen (1. Petr. 1,19.20). Als nun die Zeit erfüllt war, sandte Gott Seinen Sohn (Gal. 4,4). Der Gott, der auf verschiedene Art und Weise und durch verschiedene Propheten zu den Menschen gesprochen hatte, sprach nun durch Seinen Sohn zu ihnen (Hebr. 1,1.2). Die Botschaft des Evangeliums sagt dem Menschen, daß Christus für seine Sünden gestorben ist, für seine Schuld bezahlt und dadurch Gottes Gerechtigkeit Genüge getan hat. Der Sohn ist von den Toten auferstanden, um den Menschen vor Gott zu rechtfertigen. Gott bietet einem jeden, der im Glauben an Seinen Sohn zu Ihm kommt, ewiges Leben an. Seinen Sohn aufzunehmen und zu haben, bedeutet ewiges Leben (Joh. 1,12; 1. Joh. 5,12). Der Zorn Gottes bleibt auf dem, der nicht glauben will (Joh. 3,36). Haben Sie dem Evangelium gehorcht? Gehen Sie ihren Lebensweg als ein Kind des Gehorsams, als ein Kind des Lichtes und als ein Kind Gottes?

STUDIENFÜHRER ZU LEKTION 1

Ein Panorama des Evangeliums

1. Was lernen Sie aus folgenden Versen über die Absicht Gottes mit dem Menschen (1. Mo. 1,26.27; Jes. 43,7; Röm. 8,29; Off. 4,11)?

2. Welche Möglichkeit hatte Adam, um Gott zu gefallen (1. Mo. 2,15–17)? Was sagt die Reaktion Adams auf diesen Test über seinen Glauben an das Wort Gottes aus (1. Mo. 3,1–7)?

3. Verwenden Sie folgende Verse, um Sünde zu definieren (Jes. 53,6; Matth. 5,28; Röm. 3,23; 1. Joh. 3,4; Jak. 4,17)!

   Inwiefern sehen Sie in Adams Reaktion gegenüber Gott ein Beispiel für die biblische Definition von Sünde (vergleichen Sie bitte 1. Mo. 3,1–7)?

   In welchem Zustand befinden sich die Menschen seit der Zeit Adams (Röm. 5,12)? Warum?

4. Gottes Gerechtigkeit verlangt die Bezahlung der Sündenschuld. Was war die Strafe, die Gott bei der Schöpfung eingesetzt hatte (1. Mo. 2,17; Hes. 18,4)?

Was geschieht, wenn ein Mensch in diesem Zustand stirbt (Off. 20,11–15; Hebr. 9,27)?

5. Was offenbart folgender Abschnitt aus der Bibel über Gottes Gnade und Seine Gerechtigkeit (2. Mo. 34,6b.7)?

Welche Lösung hat Gott gewählt, um Seine Barmherzigkeit mit Seiner Gerechtigkeit in Einklang zu bringen (1. Petr. 3,18; Apg. 4,10–12)?

Was ist so einzigartig an dem Erretter in Jesaja 43,11? Wie hat der Herr Jesus dieser Forderung Genüge getan (Matth. 1,21–23; Hebr. 1,8)?

6. Geben Sie mit Ihren eigenen Worten 1. Korinther 15,3.4 wieder und erklären Sie die Zusammenfassung der Botschaft des Evangeliums in diesem Abschnitt!

7. Wie wurden die Gläubigen im Alten Testament „gerettet“ (Hebr. 11,13)?

8. Welche Beziehung haben „Errettung“ und das „Tun guter Werke“ zueinander (Eph. 2,8–10)?

Wie wird dieser Gedanke im Leben Abrahams verwirklicht (Röm. 4,1–5; Jak. 2,18–23)?

Ist Errettung aufgrund von Werken möglich (Tit. 3,5–8; Hebr. 9,22)? Warum oder warum nicht?

9. Die Reaktion eines Menschen dem Evangelium gegenüber entscheidet über seine Zugehörigkeit zu einer von zwei geistlichen Familien. Ordnen Sie die Aussagen folgender Bibelverse der jeweiligen geistlichen Familie zu!
(Joh. 8,44; Gal. 3,7; Eph. 2,2–3; 5,6; 1. Thess. 5,5; 1. Joh. 3,10)

Kinder des Ungehorsams *Kinder Gottes*

Wie kann man von einer Familie zur anderen überwechseln (Luk. 13,3; Apg. 3,19; Joh. 1,12; 5,24)?

10. Erwähnen Sie ganz kurz, *wie* und *wann* Sie ein gläubiger Christ wurden! Wenn Sie den Herrn Jesus noch nicht in Ihr Leben aufgenommen haben, notieren Sie kurz, was Sie davon zurückhält!

LEKTION 2

Überblick über die Lehre von Christus

Er wandelte unter den Menschen und Sein Leben war das bedeutendste, das je gelebt wurde. Sein makelloser Charakter, in jeder Hinsicht unbefleckt, wurde sogar von seinen Feinden hochgeachtet. Sein Leben war einzigartig. Kein unvollkommener Mensch hätte Ihn je erfinden können. Kein Skeptiker kann Ihn logisch erklären. In der Geschichtsschreibung ist noch nie über jemanden soviel wie über Ihn geschrieben worden; Er selbst jedoch schrieb auf Erden nichts, wovon wir eine Aufzeichnung hätten. Er hatte eine größere Auswirkung auf die Geschichte als sonst jemand. Er hat bewirkt, daß sie in zwei Perioden geteilt wurde: v. Chr. und n. Chr.. Dennoch engagierte er sich nicht in der Politik und kommandierte auch keine irdische Armee. Er wurde zur umstrittensten Person in der Geschichte, verachtet, rücksichtslos verfolgt und gewaltsam getötet. Und doch predigte Er Gewaltlosigkeit und verbot Vergeltung, Rache und das Schwert. Er sagte: „Mein Reich ist nicht von dieser Welt." Seine Wirkung lag in Seiner moralischen Vollkommenheit. Alles was Er war, ist und getan hat, begann vor aller Zeit, zieht sich durch das irdische Leben hin und erstreckt sich bis in alle Ewigkeit.

1. *Seine Namen.* Er wurde *Jesus* genannt, „denn er wird sein Volk erretten von ihren Sünden" (Matth. 1,21). Das Wort Jesus bedeutet „Gott (Jahwe) rettet". Er war der göttliche *Heiland* (Tit. 2,13; Jes. 43,11). Dieser Erretter war *Christus*, der *Herr* (Luk. 2,11). Als Christus oder Messias, der Gesalbte, war er der verheißene Befreier (Joh. 4,25.26). Er hat sich selbst oft als Sohn des Menschen bezeichnet (Luk. 19,10), was Sein Menschsein ausdrückt, zu welchem Er sich herabließ. Er war aber auch *Sohn Gottes*, und diese Bezeichnung verstanden Seine Feinde als Erklärung Seiner Göttlichkeit (Joh. 10,33.36). Er war das *Wort Gottes* (Joh. 1,1.14), das *Lamm Gottes* (Joh. 1,29), *Alpha und Omega*, der *Erste und der Letzte*, der *Anfang und das Ende* (Off. 22,13). Und schließlich ist er *König der Könige* und *Herr der Herren* (Off. 19,16).

2. *Sein ewiges Sein.* Er war kein Geschöpf, sondern der Schöpfer aller Dinge (Joh. 1,3.10; Kol. 1,16.17; 1. Kor. 8,6; Hebr. 1,2.10). Von Ewigkeit her war er bei Gott und *war* Gott (Joh. 1,1.2). Der Ausdruck „eingeborener Sohn" wird nicht in bezug auf seine physische Geburt verwendet. Der „Eingeborene" (Joh. 1,14.18; 3,16.18) bedeutet „einzigartig", wie es uns in Isaak gezeigt wird, obwohl dieser nicht der

einzige Sohn Abrahams war (Hebr. 11,17). Die Bezeichnung „Erstgeborener" beschreibt Seine Vorrangstellung, wie dies aus Kolosser 1,18 und Offenbarung 1,5 ersichtlich ist. Der Herr war von Ewigkeit her (Mi. 5,2; Jes. 9,6; Spr. 8,22.23). Als der „Ich bin" war Er von Ewigkeit her, vor allen Dingen (Joh. 8,58; 2. Mo. 3,14). Er teilte die Herrlichkeit des Vaters bevor die Welt erschaffen wurde (Joh. 17,5).

3. *Seine Erscheinungen im Alten Testament.* Der Herr Jesus ist nicht erst im Neuen Testament aufgetreten. Der Herr offenbarte in Mose und den Propheten Dinge, die Ihn betrafen (Luk. 24,27.44). Er war das Hauptthema und die Erfüllung der Heiligen Schrift. Er erfüllte hunderte Prophezeiungen, auch über Seinen Geburtsort (Mi. 5,1), die Art der Geburt (Jes. 7,14), und die Art seines Todes (Jes. 53). Er erfüllte auch die Verheißung, daß ein Prophet kommen würde, größer als Mose (5. Mo. 18,18.19), ein Priester, der in Ewigkeit dienen würde (1. Sam. 2,35), ein König, größer als David, dessen Thron in Ewigkeit Bestand hat (2. Sam. 7,12.13). Er erfüllte auch die Verheißungen, die in den verschiedenen Opfern und Festen vorbildhaft dargestellt waren, wie zum Beispiel im Passahfest (1. Kor. 5,7). Es ist deutlich, daß wir im Alten Testament sichtbare Erscheinungen Gottes haben, meist als Engel oder Bote des Herrn. Sie werden *Theophanien* genannt. Die Handlungsweisen und Werke dieses Engels des Herrn sind eindeutig die von Gott und nicht die eines geschaffenen Wesens. Beispiele dafür finden wir in 1. Mose 22,11–18; 32,1–30 (vgl. Hos. 12,4.5); 2. Mose 3,2–6 (vgl. Mark. 12,26); Josua 5,13–15; Richter 6,11.12; 13,18–22. Weiter sehen wir Christus in den Vorbildern (Typen). Ein Vorbild (Typos) ist ein alttestamentliches Bild einer im Neuen Testament dargestellten geistlichen Wahrheit, oft besonders auf den Messias bezogen. Die eherne Schlange in 4. Mose 21 versinnbildlicht Christus am Kreuz als Gegenstand eines neuen Leben schenkenden Glaubens (Joh. 3,14–16). Der geschlagene Fels in 2. Mose 17,6 und 4. Mose 20,8–12 versinnbildlicht den gekreuzigten Retter (1. Kor. 10,4). Melchisedek ist ein Bild von Christus als dem großen hohen Priester (1. Mo. 14; Hebr. 5–7).

4. *Sein Kommen als Mensch.* „Und das Wort wurde Fleisch und wohnte unter uns" (Joh. 1,14). Die Menschwerdung bedeutet: „Er ist geoffenbart worden im Fleisch" (1. Tim. 3,16). Als der alleinige Gott menschliche Gestalt annahm, wurden die göttliche und die menschliche Natur auf wunderbare Weise in einer Person vereint. Die göttlichen Attribute wurden zwar verborgen, aber nicht abgelegt. Sein Menschsein war vollständig und doch war Er ohne Sünde (Hebr.

4,15). Diese Einheit wird in Philipper 2,6–11; Römer 1,3–4; 9,5 und Hebräer 2,14 beschrieben. Die Aussagen der Evangelien in bezug auf Schwerpunkte und Reihenfolge verschiedener Begebenheiten decken sich nicht immer, weil sie von verschiedenen Gesichtspunkten aus ihr Thema betrachten. Der Herr Jesus wird im *Matthäus*evangelium als König Israels dargestellt, in *Markus* als vollkommener Diener, in *Lukas* als Menschensohn (Sein Menschsein wird besonders betont) und in *Johannes* als der Sohn Gottes (Seine Gottheit wird besonders betont). Er wurde durch ein Wunder vom Geist Gottes gezeugt und von einer Jungfrau empfangen (Jes. 7,14; Matth. 1,21; Luk. 1,34–35). Das Kind wuchs ganz normal auf (Luk. 2,52). Wir haben nur eine Begebenheit Seiner Kindheit in der Schrift festgehalten (Luk. 2,42–51). Seine ersten dreißig Jahre verbrachte er in Nazareth, in Israel – Seine Geburt in Bethlehem und Sein kurzer Aufenthalt in Ägypten als Kleinkind ausgenommen.

5. *Seine öffentliche Amtseinsetzung.* Der Messias sollte angekündigt werden durch jemand, der vor Ihm herging, um geistlich *den Weg zu bereiten* (Jes. 40,1–5). Johannes der Täufer war die Erfüllung dieser Prophezeiung (Matth. 3; Mark. 1,1–11; Luk. 3,2–18; Joh. 1,19–36). Sein Dienst war der persönliche Aufruf an den Menschen zur Buße, ohne die niemand gerettet werden kann (Luk. 13,3). Der Herr Jesus begann Seinen Dienst auf Erden, indem Er sich von Johannes taufen ließ, obwohl der Prophet der Meinung war, daß eigentlich der Heiland der Täufer sein sollte (Matth. 3,14–16). Der Herr tat das nur, um „alle Gerechtigkeit zu erfüllen", denn er allein bedurfte keiner Buße. Bei Seiner Taufe salbte der Geist Gottes Ihn für Sein Wirken, man hörte die Stimme des Vaters, der Seinen Sohn pries. Die „Jahre der Verborgenheit" waren vorbei. Er berief die zwölf Jünger in Seine Nachfolge und begann Sein aufsehenerregendes, ungefähr drei Jahre dauerndes Wirken.

6. *Seine Versuchung und Verklärung.* Der Herr Jesus predigte in Galiläa, Judäa und jenseits des Jordan, aber er verließ nie Israel. Aus den vielen Begebenheiten Seines Wirkens sollten zwei besonders beachtet werden, die die Herrlichkeit Seiner Person betonen. Er war während eines 40-tägigen Fastens in der Wüste der Versuchung Satans ausgesetzt (Matth. 4,1–11; Luk. 4,1–13). Die drei Bereiche der Versuchung zielten auf körperliches Verlangen, geistlichen Stolz und das Versuchen Gottes durch vermessenes Handeln. Sein erfolgreicher Widerstand war der Beweis Seines sündlosen Wesens. Eine aufsehenerregende Bestätigung Seiner göttlichen Herrlichkeit sahen drei Seiner Apostel auf dem Berg der *Verklärung* (Matth. 17,1–8;

Mark. 9,2–9; Luk. 9,28–36). Sie sahen dort Seine Herrlichkeit, die Herrlichkeit Gottes, die als großes Licht erstrahlte. Sein Angesicht leuchtete wie die Sonne. Wieder hörte man die Stimme des Vaters Wohlgefallen an Seinem geliebten Sohn ausrufen. Sowohl die Versuchung als auch die Verklärung offenbaren die absolute Einzigartigkeit Jesu.

7. *Seine Wunder und Sein Lehren.* Wie Mose, Elia und Elisa im Alten Testament, so tat auch der Herr Jesus gewaltige Wunder. Er verwies auf diese Wunder als Grund zum Glauben (Joh. 14,11). Wenn Wunder auch gefälscht werden können, werden sie gewöhnlich als Ereignisse jenseits jeglicher bekannter Naturgesetze gesehen. Nikodemus glaubte, daß die Wunder Jesu bewiesen, daß er von Gott kam (Joh. 3,2). Seine Wunder waren unterschiedlich. Er heilte in einem Augenblick eine Vielfalt von Leiden und Krankheiten (die Lahmen, Blinden, Verkrüppelten und Aussätzigen). Er bewies Seine *Macht über die Natur* (Sein Wandeln auf dem Wasser, das Stillen des Sturmes). Er *schuf Nahrung* (die Speisung der 5.000 und die Verwandlung des Wassers zum Wein). Er *befahl den bösen Geistern*, die Leiber ihrer Opfer zu verlassen. Er *ließ Tote auferstehen* (Lazarus, den Sohn der Witwe aus Nain und die Tochter des Jairus). Seine Wunder bestätigten Seine Gottheit und die Erfüllung der Schriften. Sie zeigten auch Sein Mitgefühl für die Leidenden. Er tat sie nicht, um Menschenmengen anzuziehen oder die Neugierigen zu beeindrucken. Oft befahl er den Geheilten, nichts weiterzuerzählen. Seine Lehrmethode war durch das regelmäßige Verwenden von Gleichnissen gekennzeichnet. Das sind kurze Geschichten über Menschen oder natürliche Ereignisse, um geistliche Wahrheiten zu illustrieren. Seine berühmte Bergpredigt findet nirgends ihresgleichen (Matth. 5–7). Sie erstaunte und verwunderte Seine Zuhörer (Matth. 7,28.29). Seine gewaltigen Reden, vor allem jene aus dem Johannesevangelium, sind über alles erhaben, was jemals Menschen sagten, besonders jene, die die „Ich bin“ – Aussagen enthalten. Er schärfte Seinen Aposteln ein, Seine Lehren treu zu bewahren und wies darauf hin, daß sie Trennungen in Haus und Familie verursachen würden (Luk. 12,51–53).

8. *Seine Gegner.* Alles, was gut und rechtschaffen ist, findet seinen Ausdruck in dem Herrn Jesus. Aber Gutes wird bekämpft vom Bösen. Die Bibel zeigt uns, daß ein gefallenes geistliches Wesen, genannt „Satan“ oder „Teufel“, den Widerstand anführte (Off. 12,9). Satanische Opposition versuchte, das Kind Jesus umzubringen, widerstand Ihm während Seines ganzen Dienstes auf Erden und führte

schließlich die Verschwörung an, Ihn umzubringen (Luk. 22,2–4). Satan gebrauchte oft andere, um Christus bösartig entgegenzutreten.

9. *Sein Tod, Seine Auferstehung und Seine Himmelfahrt.* Es wird mehr über das Leiden und Sterben Jesu Christi in den vier Evangelien berichtet, als in all den anderen Abschnitten der Bibel. Es ist die zentrale Botschaft. Ohne den Tod Jesu Christi gäbe es keine Vergebung, keine Errettung und keine Hoffnung auf ewiges Leben, die das Eigentliche der Botschaft des Evangeliums ausmachen. Sein Opfer war die Erfüllung der Prophezeiungen von Jesaja 53, Psalm 22 und anderen Stellen aus der Schrift. Der Herr Jesus hat seinen unverständigen Jüngern oft Seinen Tod vorausgesagt (Matth. 16,21; 17,9–12; 22–23; 20,18.19). Die kühne Voraussage von Seiner Auferstehung hatten Seine Feinde gehört und deswegen auch römische Wachen bei Seinem Grab aufstellen lassen (Matth. 27,63–66). Christus wies Seine Jünger zurecht, weil sie den Schriften und Seinem Wort nicht geglaubt hatten (Luk. 24,25–27). Im Hinblick auf Seinen kommenden Tod und dessen Bedeutung für die Errettung setzte er in der letzten Nacht vor Seiner Kreuzigung ein Gedächtnismahl ein (Matth. 26,26–28; Mark. 14,22–24; Luk. 22,19.20). Der Verrat durch Judas war eine Erfüllung der Schrift, sogar das Bestechungsgeld (Sach. 11,12.13). Seine letzten Gebete und Sein ringender Kampf im Garten Gethsemane, die Verschwörung Seiner Feinde gegen Ihn, die Flucht Seiner Jünger und der Spott und Hohn des Hohen Rats füllten Seine letzten Stunden aus. Der römische Statthalter konnte keine Schuld an Ihm finden, aber gab dem Druck des Volkes nach und verurteilte Ihn, Sein Kreuz auf den Hügel Golgatha zu tragen. Die Einzelheiten Seines Leidens und die „sieben letzten Worte" werden uns auf eindringliche Art und Weise beschrieben. Der letzte Ausruf, „Es ist vollbracht!" (Joh. 19,30), war der Höhepunkt und die Vollendung Seines Rettungswerkes. Auf geheimnisvolle Weise wurde die Gottlosigkeit des Menschen im ewigen Plan Gottes gebraucht, um jene zu retten, die an Ihn glauben würden, obwohl Er durch Menschen getötet wurde. Unbegreiflicherweise war Sein Leiden stellvertretend und Er erfüllte die Schrift als der von Gott Geschlagene (Jes. 53,4). Er starb zwischen zwei Räubern und wurde in der Gruft eines reichen Mannes begraben; dies war ebenfalls die Erfüllung einer Prophezeiung (Jes. 53,9). Die römischen Wachen und der versiegelte Stein vor Seiner Gruft haben Seine Auferstehung am dritten Tage nicht verhindern können, genau wie Er es vorhergesagt hatte (Matth. 28; Mark. 16; Luk. 24; Joh. 20). Er erschien einigen hundert Jüngern während einer Zeit von

vierzig Tagen, bevor Er vor ihren Augen in den Himmel aufgenommen wurde (1. Kor. 15,6; Apg. 1,3–9). Die durchbohrten Hände, die Er dem „zweifelnden Thomas" zeigte, ließen keine Zweifel mehr zu. Christus war wahrhaftig auferstanden (Joh. 20,25–28).

10. *Sein zweites Kommen und Sein zukünftiges Reich.* Verbunden mit der Verheißung in bezug auf Seine Auferstehung und Himmelfahrt waren diese Worte: „Und wenn ich hingehe.......so komme ich wieder" (Joh. 14,3). Der Herr sprach oft davon. Seine Jünger fragten: „Was ist das Zeichen deiner Ankunft?" (Matth. 24,3). Die Verheißungen des Alten Testamentes über das Kommen des Messias teilen sich in zwei Gruppen: (1) jene, wonach Er leiden und verworfen werden sollte, und (2) jene, wonach Er herrschen sollte. Oft verschmelzen diese beiden Ereignisse scheinbar zu einem (Jes. 61,1.2; Luk. 4,18–21). Darüber staunten und forschten die Propheten viel (1. Petr. 1,10–12). Nun ist alles viel klarer. Sein erstes Kommen erfüllte buchstäblich alle Schriften in bezug auf das Leiden des Messias. Sein zweites Kommen wird ebenfalls eine buchstäbliche Erfüllung der Schriften sein, die Sein Reich des Friedens und der Gerechtigkeit auf Erden zum Gegenstand haben (Jes. 11,6–9; 65,18–25). Die Ereignisse Seines zweiten Kommens werden wie folgt ablaufen: (1) Die Lebenden und Toten in Christus werden zugleich entrückt werden in die Wolken, dem Herrn entgegen „in die Luft". Das wird allgemein „Entrückung" genannt (1. Thess. 4,16–17). (2) Die Zeit der „großen Drangsal" beginnt auf Erden (Off. 7,14). (3) Nach der Drangsalszeit wird Christus mit den Gläubigen in Herrlichkeit wiederkommen zum Gericht. Das wird allgemein „die Offenbarung" genannt (Off. 19,11–16). (4) Nach dieser Offenbarung folgt das 1000-jährige Friedensreich, wo Christus auf Erden herrschen wird (Off. 20,4–6). Das „Reich Gottes" oder „Reich Christi" hat auch Gläubigen immer wieder Rätsel aufgegeben. Sein Reich verkörpert Seine Herrschaft über Sein Volk. Es enthält einen *gegenwärtigen Aspekt*, wonach die Gläubigen jetzt schon in Seinem Reich sind (Kol. 1,13). Das Reich war gegenwärtig in der Person Jesu Christi, als Er auf Erden lebte (Luk. 17,20.21; 11,20; Matth. 12,28). Aber es enthält auch einen zukünftigen Aspekt, wonach wir Seine zukünftige sichtbare Herrschaft erwarten (Apg. 1,6; Off. 11,15). Es wird ein neuer Himmel und eine neue Erde sein (Off. 21,1; Jes. 65,17). Denn die Erde wird voll werden von der Erkenntnis der Herrlichkeit des Herrn, gleich wie die Wasser den Meeresgrund bedecken (Hab. 2,14). Jedes Knie wird sich vor Ihm beugen (Phil. 2,10.11). Gegenwärtig ist Er der Mittelpunkt himmli-

scher Anbetung (Off. 5,8–14). Eines Tages wird das endgültige Gericht stattfinden. Alles Gericht hat Gott dem Sohn übergeben (Joh. 5,22). Am großen weißen Thron wird Er die Verlorenen ihrer Sünden wegen richten (Off. 20,11–15). Am Richterstuhl Christi wird Er die Gläubigen ihrem Leben und ihrem Dienst entsprechend beurteilen (2. Kor. 5,10; 1. Kor. 3,11–15).

Zusammenfassung

Zweifler stellen oft die Grundlagen der Wahrheiten in Frage, die hier dargestellt wurden. Sie sagen, wir könnten nicht mit Sicherheit Christus geschichtlich belegen, obwohl der jüdische Historiker Josephus und römische Geschichtsschreiber wie Tacitus, Suetonius und Plinius innerhalb von 100 Jahren nach Seinem Leben auf Erden über Ihn berichteten. Die Zuverlässigkeit der Dokumente des Neuen Testamentes als unverfälschte, wortgetreue Abschriften der Originale wurde angezweifelt, obwohl keinerlei Aufzeichnungen aus dem Altertum an Glaubwürdigkeit auch nur annähernd an diese herankommen. Tausende Manuskripte, von den Bruchstücken ganz zu schweigen, einige nur etliche Jahre nach den Originalen verfaßt (z.B. Teile des Johannesevangeliums, die heute in der Bibliothek in Manchester, England, liegen). Im Gegensatz dazu besteht eine Zeitspanne von 1000 Jahren zwischen der ursprünglichen Aufzeichnung und den ältesten Abschriften aller griechischen und römischen Geschichtsschreiber, die in unserem Besitz sind. Es gibt darüber hinaus nur eine Handvoll solcher alter Abschriften dieser sehr wohl akzeptierten geschichtlichen und literarischen Werke; doch wird keines ernstlich in Frage gestellt. Kein Werk ist jemals so kritisch, so intensiv und so lange überprüft worden wie das Neue Testament und kein Werk wurde je zuvor in so vielen Details durch geschichtliche Nachforschungen und durch die Archäologie so weitgehend in seiner Echtheit bestätigt.

Unser wichtigster Grund aber, darauf zu vertrauen, ist im Wort Gottes selbst verankert. Das *geschriebene Wort* wird durch die vielfach erfüllten Prophezeiungen bestätigt. Das *lebendige Wort*, unser Herr Jesus Christus, drängt uns dazu, an die Einzigartigkeit und Herrlichkeit Seiner Person zu glauben. Wo sollten wir hingehen, wenn nicht zu Ihm (Joh. 6,67.68)? Er ist das Herz wahren christlichen Glaubens.

STUDIENFÜHRER ZU LEKTION 2

Überblick über die Lehre von Christus

1. Wie drücken die Namen/Titel Jesu Christi in den folgenden Versen Seine Stellung, Sein Wesen und Sein Werk aus?

   Matthäus 1,21

   Lukas 2,11

   Lukas 19,10

   Johannes 1,1.14

   Johannes 1,29

   Johannes 10,36

   Offenbarung 19,16

   Offenbarung 22,13

   Welcher ist Ihr Lieblingsname/titel und warum?

2. Geben Sie mit Ihren eigenen Worten Kolosser 1,16–17 wieder.

Seit wann existiert Jesus Christus (Joh. 1,3.10; Jes. 9,6; Mi. 5,1)? Wenn Ihnen jemand sagen würde, daß Jesus das erste Geschöpf Seines Vaters war, was würden Sie antworten?

3. Lesen Sie Hebräer 1. Erklären Sie, auf welche Weise folgende Verse zeigen, daß Jesus Gott ist:

   Verse 2. 3. 10

   Vers 6 (vgl. Sie Luk. 4,8)

   Vers 8

   Verse 11.12

4. Welche Merkmale der Gottheit Jesu sind in den folgenden Versen beschrieben?

   Matthäus 28,18.20

   Markus 2,5–7

   Johannes 1,1; 17,5

   Johannes 5,22.27

   Johannes 6,64

   Hebräer 13,8

5. Welche Ämter wurden für Christus vorausgesagt (5. Mo. 18,18.19; 1. Sam. 2,35; 2. Sam. 7,12.13)?

01.03.2013

6. Da Jesus ja Mensch war, in welchen Eigenschaften würden Sie erwarten, daß er so wie Sie war?

Matthäus 4,2 Jesus hat auch ein Hungergefühl.

Markus 4,38 Jesus benötigt auch Schlaf

Lukas 2,52 Jesus wird älter und lernt dazu.

Johannes 8,46 Jesus war sündlos, er war „fähig" zu sündigen, er hat's aber nicht getan.

7. Wodurch hat sich Jesus Christus von anderen Menschen unterschieden?

Matthäus 1,23 Er wurde von einer Jungfrau geboren.

Lukas 7,22 Er ~~heilt~~ heilt andere Menschen bzw. er tut Wunder. Menschen handeln in seinem Namen.

Johannes 7,46 Jesus redet mit Vollmacht.

Johannes 8,46 Jesus war sündlos. Jesus hat nur die Wahrheit gesprochen.

(?) [W]as ist [V]ollmacht?

8. Was war der Zweck des Kommens Christi auf die Erde und auf welche Weise hat Er die Schriften durch Sein Kommen erfüllt (Mark. 10,45b; Jes. 53)?

Als Löselgeld, Preis durch den andere von den Sünden erlöst werden.

Für unseren Frieden, für unsere Heilung.

Zweck: Versöhnung von Gott ↔ Menschen

Weise: → durch Vergießen von unschuldigem Blut

Wann wurde der Tod Christi geplant (1. Petr. 1,19–20)? Wer war *letzten Endes* verantwortlich für Seinen Tod (Apg. 2,23)?

Wann? Gottes Plan stand schon vor der Erschaffung der Welt fest.

Wer? Die sündigen Menschen → die Gottes Gesetz nicht kennen und nicht befolgen.

(?) [L]enkt Gott [d]en Willen?

9. Was wären die Folgen gewesen, wäre Christus nicht von den Toten auferstanden (1. Kor. 15,14–19)? Beschreiben Sie in kurzen Sätzen die Wichtigkeit des Todes und der Auferstehung Christi für Ihre eigene Errettung.

- sinnloses Glauben / Vertrauen / Hoffen
- sinnloses Zeugnis geben
  → keine Hoffnung, die dem Glauben den Sinn gibt

=> Der Glaube ist ausschlaggebend, ihm wird jedoch die Auferstehung vorrausgesetzt.

10. Welche Hoffnung ist dem Christen in Johannes 14,3; 1. Thessalonicher 4,16–17 und in Offenbarung 10,6–9 gegeben?

Joh. 14,3 { * immer bei / mit Gott sein → ewig
* Gott hat etwas vorbereitet für uns
→ jeder hat einen Platz im Himmel }

1. The * Gott holt uns persönlich ab

Off. 10,6–9 → * es wird keine Zeit mehr geben

Welche Stellung wird Christus jenen gegenüber einnehmen, die Ihn abgelehnt haben (Joh. 5,22.23; Off. 20,11–15)?

~~* Sie geben~~

* Christus gibt denjenigen keine Ehre
* Gott als <u>Richter</u>
* diejenigen, die nicht im Buch d. Leben stehen werden in den Feuersee geworfen
  → Gericht (Preis-) nach den Taten und nach dem Leben

LEKTION 3

Christus als Herr

Wer ist Jesus Christus für Sie? Er hat die Frage aufgeworfen: „Wer sagen die Menschen, daß ich sei?“ (Matth. 16,13; 22,41.42; Mark. 12,35–37). Dann stellte Er die Frage persönlich: „Wer sagt ihr, daß ich sei?“

Er ist der Herr. Hundertemale redeten Ihn die Jünger in der Schrift so an. Sie haben Ihn nie als Jesus angesprochen. Es wäre undenkbar gewesen. Sie nannten Ihn Meister, nicht nur im Sinne von Lehrer (Rabbi, Didaskalos), sondern auch im Sinne eines Vorgesetzten (epistates, despotes). Es dauerte lange, bis sie begriffen, daß Er Gott war, obwohl Er klare Aussagen darüber machte (Joh. 14,8–11; Joh. 8,24.58) oder sie auf Bibelverse wie Psalm 110,1 (Matth. 22,41–45) hinwies. Er ließ sie wissen, daß Er der Herr war über das ewige Schicksal eines jeden Menschen (Matth. 7,21.22). Ungeachtet ihres begrenzten Verstehens bekannten sie, daß Jesus der Herr ist und folgten Ihm, obwohl andere sich von Ihm abwandten (Joh. 6,66.67).

Das Wort „Herr“ hat drei Bedeutungen: Stellung, Besitzrecht und Herrschaft. Der Prophet sah „den Herrn auf hohem und erhabenem Throne“ (Jes. 6,1). Dieser Vers wird im Neuen Testament auf Christus angewandt (Joh. 12,41). Das ist Seine *Stellung*, als der auf dem Thron Sitzende. Paulus schreibt: „Die Erde ist des Herrn und ihre Fülle“ (1. Kor. 10,26). Das ist Sein *Besitzrecht* über alles, was auf diesem Planeten ist. Petrus antwortete auf das Gebot des Herrn, noch einmal auf den See hinauszufahren mit den Worten: „Meister, wir haben uns die ganze Nacht hindurch bemüht und nichts gefangen; aber auf dein Wort will ich das Netz hinablassen“ (Luk. 5,5). Das ist Seine *Herrschaft*.

Seine Stellung als Herr

1. *Verkündigt.* „Jesus Christus – dieser ist aller Herr“ (Apg. 10,36), sagte Petrus zu dem römischen Hauptmann, der nach dem Weg zu Gott fragte. Dieser Jesus, welcher gekreuzigt worden war, war mehr als ein gesalbter Befreier. Er ist „sowohl Herr, als auch Christus“ (Apg. 2,36). Er ist der Schöpfer aller Dinge (Joh. 1,3; Kol. 1,16). Engel und Gewalten sind Ihm untertan (1. Petr. 3,22). Er regiert „über jede Macht und Gewalt und Kraft und Herrschaft und jeden Namen, der genannt wird“ (Eph. 1,21). Er ist der hochgepriesene „Herr der

Herren und König der Könige" (Off. 17,14; 19,16). Alle werden vor dem Thron Gottes niederfallen und Ihn anbeten (Off. 4,10.11; 5,12–14).

2. *Verworfen.* Es ist bemerkenswert, daß der allmächtige Schöpfer Rebellion überhaupt zugelassen hat. Das bleibt eines von den Geheimnissen der Ratschlüsse Gottes. Rebellion begann in der unsichtbaren Welt, als Satan begehrte, Gott gleich zu sein (Jes. 14,12–14; Hes. 28,13–17). Sie verbreitete sich auch in der Engelwelt (2. Petr. 2,4). Sie gelangte schließlich auf die Erde zum Menschen (1. Mo. 3; Röm. 5,12). Dies veranlaßte Gott zu dem traurigen Eingeständnis: „Ich habe Kinder großgezogen und auferzogen, und sie sind von mir abgefallen" (Jes. 1,2). Unzufriedenheit mit von Gott bestimmten Führern war gleichbedeutend mit der Verwerfung Dessen, der sie eingesetzt hatte (1. Sam. 8,7). Als Gott Seinen Sohn sandte, wurde Er ebenso verworfen (Jes. 53,3), der Fürst des Lebens wurde getötet (Apg. 3,15).

3. *Anerkannt.* Die Herrlichkeit Gottes und die letztendliche Verwirklichung Seiner Pläne hängt von der Unterwerfung und dem Gehorsam des Menschen ebensowenig ab wie die Existenz eines Atoms von unserem Glauben an sein Dasein. Der Teil, der Ihn verwirft, ist verschwindend klein in dem unermeßlich großen Universum. Der Wind und die Wellen gehorchten Ihm auf Erden (Matth. 8,27). Die Dämonen waren Seinem Wort untertan (Mark. 1,27). Legionen von Engeln stehen bereit, um Seine Befehle zu befolgen (Matth. 26,53). Millionen von Menschen waren freiwillig bereit, sich Seiner Autorität zu unterwerfen als Reaktion auf Sein Liebesopfer am Kreuz. Seine Feinde werden Ihn loben müssen (Ps. 76,11). Auch die Scharen der Hölle werden eines Tages gemeinsam mit denen, die im Himmel sind, die Knie vor Christus beugen und bekennen müssen, daß Er der Herr ist (Phil. 2,10.11). Der Herr Jesus sprach: „Ihr nennt mich Lehrer und Herr, und ihr sagt recht, denn ich bin es" (Joh. 13,13).

Sein Besitzrecht als Herr

1. *Beschrieben.* Alles gehört Gott (Ps. 50,10–12) zu Recht durch die Schöpfung. Der Herr klagte, daß sogar der Ochse und der Esel ihre Herren kennen, aber daß Sein Volk nicht wußte, zu wem sie gehörten (Jes. 1,3). Wie der Ton in des Töpfers Hand, so sollten auch sie in Seiner Hand sein (Jer. 18,6). Darüber hinaus gehören die Menschen Gott durch die Erlösung mit dem kostbaren Blute Jesu Christi (1. Petr. 1,18). Christus ist für die ganze Welt gestorben (1. Joh. 2,2). Er hat

auch die falschen Propheten und Lehrer erkauft, welche Ihn verworfen haben (2. Petr. 2,1).

2. *Anerkannt.* Man wird ein Kind Gottes durch eigene Entscheidung, wenn man den Herrn Jesus Christus als Herrn und Retter annimmt (Joh. 1,12). Danach gehört der Gläubige nicht mehr sich selbst, denn er ist um einen Preis erkauft (1. Kor. 6,19.20). Er hat eingesehen, daß er nicht in der Lage ist, sein eigener Herr zu sein, ebensowenig wie er in der Lage ist, sich selbst zu erlösen. Er bekennt Jesus als seinen Herrn, wie Thomas es tat (Joh. 20,28). Es gibt keine biblische Grundlage für einen Gedanken wie: „Ich habe Jesus als meinen Heiland angenommen, aber nicht als meinen Herrn." Der Ausdruck „Herr Jesus Christus" oder „Jesus Christus, unser Herr" wird viel öfter verwendet als „Jesus, unser Heiland". Jesus annehmen heißt, den Herrn annehmen. Man versteht vielleicht nicht gleich die volle Bedeutung der Herrschaft Jesu Christi, wenn man errettet wird; man mag leider oft versagen, den Willen des Meisters zu tun; man mag stolpern und fallen; aber der wahre Gläubige wird, wenn er zu Ihm, dem Heiland kommt, nicht bewußt Seine Herrschaft ablehnen oder Seine Retterschaft von Seiner Herr-schaft trennen.

3. *Bewiesen.* Der Meister fragte die Menschen: „Was heißt ihr mich aber: Herr, Herr! und tut nicht, was ich sage?" (Luk. 6,46). Dies ist nicht echt in Seinen Augen. Der Ruf „Herr, Herr" und der Nachweis, daß wir große Werke vollbracht haben, wird uns keinen Eingang in den Himmel verschaffen, wenn wir uns weigern, Gottes Willen zu tun. Er wird antworten: „Ich habe euch niemals gekannt" (Matth. 7,21–23; Luk. 13,25–27). Wenn jemand meint, er sei ein Gläubiger, aber Gott den Gehorsam verweigert, wird er als Lügner bezeichnet (1. Joh. 2,3.4). Das Kind Gottes bekennt Jesus Christus als Herrn und beweist durch sein Leben, daß das Bekenntnis echt ist.

Seine Herrschaft als Herr

Was müssen wir tun? Viele haben Jesus als Herrn angenommen, aber nur mit Worten. Andere nennen sich sogar ohne dieses Lippenbekenntnis Christen. Es hat schon immer Widerstand gegen Seine Herrschaft gegeben (Luk. 19,14.27). Die Gesellschaft hat das Konzept eines autonomen, selbstbestimmenden Menschen, von fremder Führung unabhängig, entwickelt. Diese Lehre hat bereits viel Einfluß gewonnen. Den Menschen wird gesagt: „Du bist wichtig, und was du denkst und fühlst, das alleine zählt. Wichtig ist nur, daß du eine gute Meinung über dich selbst hast." Begriffe wie Selbstverwirklichung, Selbstentdeckung, Selbstliebe, Selbstentfaltung, Selbstgenuß, Selbstgefallen, werden schön verpackt unter die Menschen gebracht.

Die Heilige Schrift sagt uns, daß wir zu Gottes Willen berufen sind und nicht zum Eigenwillen; zu Gottes Herrschaft, nicht zur Selbstherrschaft; zur Entdeckung Gottes, nicht zur Selbstentdeckung; zur Liebe Gottes, nicht zur Selbstliebe; zu Gott als Mittelpunkt, nicht zum Ich als Mittelpunkt. Der Grundsatz der Bibel heißt nicht „Ich zuerst", sondern „Gott zuerst, dann der Nächste und ich zuletzt". Viele Menschen heutzutage sind wie Narziß aus der griechischen Sage. Er verliebte sich in sein eigenes Spiegelbild im Wasser und verkümmerte, weil seine Liebe zu sich selbst keine Erfüllung finden konnte. Moralischer Zusammenbruch ist das Endergebnis für Menschen, die sich selbst am meisten lieben (2. Tim. 3,2). In unseren Tagen wird dem Geschöpf mehr Verehrung dargebracht als dem Schöpfer (Röm. 1,25).

Die Notwendigkeit, Christus als Herrn anzunehmen, muß in die Praxis des täglichen Lebens umgesetzt werden. Um im christlichen Leben Fortschritte zu machen, müssen wir begreifen, daß wir nicht mehr uns selbst gehören. Die Mazedonier „gaben sich selbst zuerst dem Herrn" (2. Kor. 8,5). Nachdem wir uns der Sünde für tot halten (Röm. 6,11), sollen wir uns Gott zur Verfügung stellen (Röm. 6,13). Wir sollen Ihm unsere Leiber als lebendige Opfer darstellen (Röm. 12,1.2), daß wir die grundlegende Veränderung erleben, die jene erfahren, die von Gott regiert werden. Das Wissen um Seine Herrschaft sollte uns zu der geistlichen Einstellung bringen, „daß Er in allem den Vorrang habe" (Kol. 1,18). Wir müssen mit den Worten des Gebets des Herrn sagen: „Dein Wille geschehe" (Matth. 6,10).

Dies sind die Gebiete, wo Seine Herrschaft Wirklichkeit werden soll:

1. *Prioritäten.* „Trachtet aber zuerst nach dem Reich Gottes und nach seiner Gerechtigkeit" (Matth. 6,33). Christus wird nirgends an zweiter Stelle stehen und trotzdem segensreich in unserem Leben wirken.

2. *Leib.* Wir sind mit einem Preis erkauft und dieser Kauf schließt auch den Leib, in dem wir leben, mit ein (1. Kor. 6,19.20). Er ist Sein Tempel.

3. *Besitz.* Er ist Herr über alles, was Er uns gegeben hat (1. Chron. 29,14). Wir sind die Verwalter oder Haushalter (1. Kor. 4,2). Besitz, Talente

und Zeit gehören Ihm und sind uns nur leihweise überlassen.

4. *Zwischenmenschliche Beziehungen.* Er gebietet uns, einander zu lieben, wie Er uns geliebt hat (Joh. 15,12). Diese Liebe ist das Kennzeichen eines Jüngers des Herrn Jesus (Joh. 13,35). Sie ist aufopfernd, nicht sentimental. Wir müssen uns um andere kümmern, wie Er es tat. Wir wissen, daß Er moralisch von den Sündern abgesondert war (Hebr. 7,26), und doch aß Er mit ihnen (Luk. 15,2). Beides, Liebe und Heiligkeit, muß unseren Umgang mit anderen bestimmen. Die Heilige Schrift verbietet „Freundschaft mit der Welt“ (Jak. 4,4), oder mit dem, was sie vertritt (1. Joh. 2,15.16). Auch müssen wir Ordnung in unseren familiären Beziehungen haben (Eph. 5,22–25; 6,1.2).

5. *Geschäft, Familien- und Schulangelegenheiten.* Ob Arbeitgeber oder Arbeitnehmer, wir sind aufgefordert, ehrlich und gerecht zu sein (Eph. 6,5.9; Jak. 5,4). Alles, was wir tun, sollen wir von Herzen als dem Herrn tun (Kol. 3,23).

6. *Reden und Denken.* Er sollte auch Herr über unsere Zunge und Gedanken sein. Er will durch uns reden, wenn wir Ihm die Gelegenheit dazu geben (Matth. 10,20). Wir sollen schnell im Hören, aber langsam im Reden sein (Jak. 1,19). Wir sollten nicht Übles über andere reden (Jak. 4,11). Er kennt unsere Gedanken und sieht das Unreine (Matth. 5,19.20).

7. *Hoffnungen und Pläne.* Was wird Seiner Prüfung und Beurteilung im Blick auf die Ewigkeit standhalten (1. Kor. 3,11–15)? Wir sollen „suchen, was droben ist, wo der Christus ist, sitzend zur Rechten Gottes“ (Kol. 3,1). Welche irdischen Dinge haben Ewigkeitswert?

Die folgende Liste soll uns helfen, unser Augenmerk auf jene Gebiete zu lenken, wo wir wachsen müssen:

- Beginnt jeder Tag mit einer neuen Hingabe meines Lebens an Ihn?
- Setze ich alle meine Interessen an zweiter Stelle hinter Seine Interessen?
- Frage ich vor jeder Entscheidung, die ich treffe, zuerst Ihn?
- Geht jede meiner Verpflichtungen mit der Verpflichtung Ihm gegenüber konform?
- Hat jede meiner Beziehungen Seine Zustimmung?
- Kann Er mit Freudigkeit bei jeder meiner Handlungen und Taten gegenwärtig sein?
- Ist Er Herrscher in allen meinen Lebensbereichen?

Zusammenfassung

Es kann kein richtiges Wachstum in einem Gläubigen geben, bis sein erhöhtes Ich vom Thron heruntersteigt und Christus auf den Thron läßt. Die Wurzel der Krankheit, an der viele Gläubige und Gemeinden leiden, ist mangelhafte Hingabe an Gott. Der Herr spricht: „Gib mir, mein Sohn, dein Herz" (Spr. 23,26). Das ist ausschlaggebend in unserem Leben. Hier muß Christus der Herr sein. Er ist die Schlüsselstelle im Wachstum als Christ, unentbehrlich für ein Leben in der Fülle Gottes.

Vor langer Zeit behauptete der größte Feind des Menschen, daß uns Gott, indem er Seinen Willen vor den unseren stellt, uns das Beste vorenthält (1. Mo. 3,5). Generationen haben einen schrecklichen Preis bezahlt, weil ein Mensch diese Verleumdung Dessen, der uns mit ewiger Liebe liebt, glaubte. Unsere Zukunft hängt davon ab, ob wir glauben, daß Unterwerfung unter Gottes Willen, die Herrschaft Christi, die Regierung des Ewigen grundlegend für unser ewiges Wohl ist.

STUDIENFÜHRER ZU LEKTION 3

Christus als Herr

1. Was lernen Sie über die Stellung Jesu Christi aus folgenden Versen (Eph. 1,20.21; Kol. 1,18; 1. Petr. 3,22; Off. 4,10.11; 5,12.13)?

2. Schreiben Sie Personen oder Dinge auf, die die Herrschaft Christi anerkannt haben, oder sie anerkennen werden.

   Matthäus 8,27

   Matthäus 26,53

   Markus 1,27

   Römer 14,9

   Philipper 2,10.11

3. Wie wurde der Herr aufgenommen, als Er auf die Erde kam (Joh. 1,10–12)? Was war die grundlegende Aussage der Bürger in Lukas 19,14.27, und wie trifft das auf diejenigen zu, die heute Christus verwerfen?

4. Was ist die Bedeutung des Bekenntnisses Thomas' in Johannes 20,28?

Was muß ein Mensch anerkennen, um gerettet zu werden (Röm. 10,9.10)?

Genügt es Ihrer Meinung nach für die Erlösung, Jesus als Retter anzunehmen, jedoch als Herrn abzulehnen? Erklären Sie warum.

5. Besteht die Möglichkeit zu *sagen*, daß Jesus Herr ist und doch nicht gerettet zu sein (Matth. 7,21–23; Luk. 6,46; 13,25–27; 1. Joh. 2,3.4)? Warum?

6. Geben Sie mit Ihren eigenen Worten Römer 12,1.2 wieder.

Welche Handlungen werden zur Verwirklichung der Herrschaft Christi in unserem praktischen Leben in diesem Abschnitt gefordert?

7. Entwerfen Sie in der linken Spalte das Bild eines Menschen, der die Herrschaft Christi auslebt, und in der rechten das Bild dessen, der Christus nicht konsequent als Herrn in seinem Leben anerkennt.

Allgemeine Lebensführung

Kolosser 2,6 — Epheser 2,1.2

Sexualität

1. Korinther 6,18–20 — 1. Korinther 6,9.10

Reden

Kolosser 4,6 — Kolosser 3,8.9

Arbeitsmoral

Kolosser 3,23.24 — Kolosser 3,22

Familienverhältnisse

Kolosser 3,18–21 — Kolosser 3,18–21

8. Wie würden Sie auf einen Menschen reagieren, der von sich behauptet, Christ zu sein, in dessen Leben aber keine Anzeichen sichtbar sind, daß er sich tatsächlich der Herrschaft Christi unterworfen hat?

9. Offenbarung 3,20 spricht davon, daß Jesus Christus vor der „Herzenstür" steht und anklopft. Was ist der erste Schritt, damit Christus Herr in Ihrem Leben wird? Welche „Zimmer" in Ihrem „Haus" müssen Sie noch räumen, daß Christus ganz konkret einziehen kann? Warum? Was wollen Sie ganz praktisch dazu unternehmen?

10. Erklären Sie mit Ihren eigenen Worten, was die persönliche Herrschaft des Herrn für Sie bedeutet.

LEKTION 4

Begraben in der Taufe

Es gibt viele Unterschiede in der kirchlichen Tradition und Handhabung der Taufe. Auch reife Christen sind verschiedener Meinung. Dennoch bleibt die Taufe ein grundsätzliches Gebot des Herrn Jesus für alle Seine Nachfolger. Tauft sie „auf den Namen des Vaters und des Sohnes und des Heiligen Geistes“ sagte Er (Matth. 28,19). Gläubige sollen getauft werden, wenn sie gerettet sind (Mark. 16,16). Den ersten Christen wurde dies treu gelehrt, und sie gehorchten (Apg. 2,38.41; 8,12.36–39; 9,18; 10,47; 16,15.33; 18,8; 22,16). Es war ihr erster *Gehorsamsschritt*. Dadurch setzten sich Neubekehrte oft der Verfolgung aus. Sie waren Christen geworden und waren bereit, diesen Schritt des öffentlichen Bekenntnisses auf den Befehl ihres Herrn und Erretters hin zu tun.

Gibt es andere Taufen?

Die oben angeführten Schriftstellen beziehen sich auf die *Glaubenstaufe*, das Thema dieser Lektion. Es muß unterschieden werden von anderen Verwendungen des Wortes „Taufe“.

1. *Rituelle Reinigung im Judentum* (Luk. 11,38.39; Mark. 7,4; Hebr. 6,2; 9,10). Im Alten Testament wurden Priester auf diese Weise rein gemacht. Später wurden Eß- und Trinkgefäße so gereinigt; die Hände wurden vor der Mahlzeit in Wasser getaucht; Proselyten, die von den Heiden zum Judentum übergetreten waren, wurden getauft, um sie rein zu machen.

2. *Bußtaufe des Johannes* (Mark. 1,2–4; Luk. 3,3.4; Joh. 1,31; Apg. 13,24). Hier wurde Israel als Nation zur Umkehr aufgerufen. Als der Vorläufer des Messias sollte Johannes „den Weg des Herrn bereiten“. Diese Taufe ist verschieden von der christlichen Taufe (Apg. 19,3–5), obwohl sie auch das Untertauchen in Wasser verlangte (Matth. 3,16; Joh. 3,23). Der Herr Jesus ließ sich von Johannes taufen, nicht weil Er Buße nötig hatte, sondern um „alle Gerechtigkeit zu erfüllen“ (Matth. 3,14.15). Christi Taufe durch Johannes stand am Beginn Seines öffentlichen Wirkens.

3. *Leidenstaufe Christi* (Luk. 12,50; Mark. 10,38.39; Matth. 20,22). Ihn traf das Urteil Gottes über unsere Sünden (Jes. 53,4; 1. Petr. 3,18).

Als Er für unsere Sünden am Kreuz starb, ging Er in den Wellen von Gottes Zorn unter (Ps. 42,8).

4. *Geistestaufe* (Matth. 3,11; Mark. 1,8; Luk. 3,16; Joh. 1,33; Apg. 1,5; 11,16). Diese wurde von Johannes vorhergesagt und geschah zu Pfingsten (Apg. 2). Ihr Zweck war es, die Gläubigen zu einem Teil des Leibes Christi zu machen (1. Kor. 12,13). Anders ausgedrückt vereinigt sie uns mit Ihm, wir sind „in Christus".

Wir wollen nicht versuchen, die verschiedenen, ganz anderen Bedeutungen des Wortes „Taufe" im Zusammenhang mit *Feuer* (Matth. 3,11.12; Luk. 3,16.17), *Mose* (1. Kor. 10,2) und *den Toten* (1. Kor. 15,29) zu untersuchen.

Wer sollte getauft werden?

Es gibt keine Aufzeichnung im Neuen Testament, daß jemand, ohne zumindest den Glauben an Christus zu bekennen, getauft worden wäre. Taufe vor der Errettung ist schon jahrhundertelang in vielen Kirchen üblich, aber eine solche Praxis ist in der Schrift nicht zu finden. In der Bibel ist es umgekehrt: zuerst Glaube, dann Taufe. Wir sehen das im Gebot Christi „Macht zu Jüngern......und tauft" (Matth. 28,19); „gläubig geworden und getauft worden" (Mark. 16,16). Zu Pfingsten erklärte Petrus allen, die gerettet werden wollten: „Tut Buße, und ein jeder von euch lasse sich taufen auf den Namen Jesu Christi" (Apg. 2,37.38). Der äthiopische Kämmerer bekannte seinen Glauben, *bevor* Philippus ihn taufte (Apg. 8,36–37). Die Korinther glaubten und wurden dann getauft (Apg. 18,8). Wir werden gerettet, indem wir dem Evangelium glauben (Eph. 1,13; 1. Kor. 15,1–4), dazu gehört nicht die Taufe (1. Kor. 1,17). Umkehr und Glaube an Christus müssen zuerst kommen (Apg. 20,21).

Und die Kindertaufe?

Obwohl die Kindertaufe im Neuen Testament nie ausdrücklich erwähnt wird, führen sie viele Kirchen schon seit Jahrhunderten durch. Die geschichtlichen Gründe dieser Kirchen für die Kindertaufe sind, (1) um das Kleinkind vor der Hölle zu retten, (2) den Prozeß der Errettung zu beginnen, der zu einem späteren Zeitpunkt in der „Konfirmation" oder „Firmung" vollendet werden soll, oder (3) den Eltern oder Taufpaten des Kindes durch den Tauf- oder Weihegottesdienst die Wichtigkeit einer christlichen Erziehung bewußt zu machen. Der Gedanke, daß ein Ausfall der Taufe das Kind zur Hölle verurteilen würde, ist eine schreckliche Meinung über Gott. Aber auch die Vorstellung von der Kindertaufe als Beginn des Heilsprozesses, durch den das Kind Gnade erfährt, ist von der Schrift her genauso unvertretbar. So schön der Tauf- oder Weihegottesdienst auch sein mag, so ist er doch ebenfalls dem Neuen Testament unbekannt. Nichtsdestoweniger hat man versucht, Argumente aus der Bibel für die Kindertaufe vorzubringen.

1. *Stellen, die oft angeführt werden.* Markus 10,13–16 und Matthäus 19,13–15 werden oft mit der Kindertaufe in Zusammenhang gebracht. Die Mütter brachten ihre Kinder zu dem Herrn Jesus, und Er sagte: „Laßt die Kindlein zu mir kommen! Wehrt ihnen nicht, denn solchen gehört das Reich Gottes." Der Herr Jesus taufte die Kinder aber nicht, Er segnete sie. Wäre die Taufe der Kinder zur Errettung bei den Jüngern und ihrem Meister die übliche Praxis gewesen, hätten sie wohl kaum versucht, sie zu vertreiben. Jemand hat es so ausgedrückt: „Wir sehen Jesus den Herrn hier, aber kein Wasser." Matthäus 18,2–6 ist eine andere oft angeführte Stelle. Jesus sagte: „Wenn ihr nicht umkehrt und werdet wie die Kinder, so werdet ihr nicht in das Reich der Himmel eingehen." Er erteilte diesen Anschauungsunterricht an einem kleinen Kind, das Er in ihre Mitte stellte. Er wollte aber die Notwendigkeit der Demut und Einfachheit deutlich machen, nicht die Taufe. Eine andere Stelle ist 1. Korinther 7,14. Kinder von Gläubigen (ob von einem oder beiden Elternteilen) werden hier als „heilig" bezeichnet. Das Wort bedeutet „abgesondert" und bezieht sich auf das Vorrecht, das ein Kind gläubiger Eltern genießt. Jedoch wird dieses Vorrecht nicht durch die Taufe bewirkt, noch erfordert es die Taufe. Die Schrift sagt von niemandem, daß er wegen christlicher Eltern „in die Kirche hineingeboren" wird. Errettung kommt aus der Wiedergeburt, nicht der natürlichen Geburt (Joh. 1,13; 3,5–7).

2. *Begründung von der Beschneidung her.* Jüdische Kinder wurden am 8. Tag nach ihrer Geburt beschnitten (Luk. 1,59) und dadurch ins jüdische Volk aufgenommen. Daher meint man, haben Christen auch das Recht, ihre Kinder zu taufen. Kolosser 2,11–12 wird genannt, das sich auf die Beschneidung des Christus bezieht. Jedoch ist hier Sein Tod gemeint, durch den Er die Sünde beseitigte. Aus dieser Stelle läßt sich keine Rechtfertigung der Kindertaufe ableiten.

3. *Das Argument, daß ganze Familien getauft wurden.* Die Errettung Lydias (Apg. 16,14.15), des Kerkermeisters in Philippi (Apg. 16,30–33), des Crispus (Apg. 18,8), des Stephanus (1. Kor. 1,16; 16,15) sind Fälle, wo ganze Familien gläubig geworden und getauft worden sind. Nun

wird von manchen vermutet, daß es „Kleinkinder in diesen Familien gegeben haben muß", oder zumindest Kinder, die zu jung waren, um zu glauben. Darüber hinaus wird dann vermutet, daß diese bei der Taufe eingeschlossen waren, obwohl es in den betreffenden Stellen keinerlei dahingehende Aussagen gibt. Es ist nämlich mindestens ebenso vernünftig anzunehmen, daß nur diejenigen, die alt genug waren, die Botschaft Christi zu verstehen und zu glauben, getauft wurden (wie in Apg. 16,34).

Was bedeutet die Glaubenstaufe?

Bei Wasser denkt man meist an Reinigung, aber der Gläubige kann nur durch das Blut Christi rein gemacht werden. Die bildliche Bedeutung der Taufe ist eigentlich Tod, Begrabenwerden und Auferstehung (Röm. 6,3–5). Christus starb für unsere Sünden und wurde auferweckt für unsere Rechtfertigung. In der Errettung rechnet Gott das alles uns zu und versetzt uns „in Christus". Wir sind mit Ihm gestorben und sind in den Augen Gottes mit Ihm auferweckt worden (Kol. 3,1–3; Röm. 6,6–11). Taufe ist dann ein Zeichen oder Bild dessen, was für den Gläubigen eigentlich schon stattgefunden hat. Der Gläubige vollzieht im Wasser der Taufe den Tod, das Begrabenwerden und die Auferstehung symbolisch nach. So wird der Gläubige mit Christus identifiziert, Der ja für ihn starb, begraben und auferweckt wurde. Er bekennt hiermit, daß er eins mit Christus ist. Die Taufe wird als „die Bitte an Gott um ein gutes Gewissen" (1. Petr. 3,21) bezeichnet. Der Gläubige bekennt öffentlich: „Christus tat am Kreuz alles, was für meine Errettung nötig war; ich habe es in meinem Herzen geglaubt. Ich drücke das öffentlich auf diese Weise aus, wie Er es befohlen hat. Ich identifiziere mich mit Ihm." Diese Identifikation soll die Entscheidung miteinschließen, ein „getauftes Leben" zu führen, ein Leben, in dem wir mit Ihm wandeln. Wir müssen uns nicht lange über Worte auseinandersetzen, die die Schrift nie im Zusammenhang mit der Taufe verwendet, die aber sehr oft von Menschen gebraucht werden; dazu gehören: „Sakrament, Riten, Zeremonien, Initiierung, Siegel der Gnade, Reinigungssymbol, Unterpfand", usw.

Hat die Taufe etwas mit Errettung zu tun?

Sehr viele Kirchen lehren die sogenannte „Taufwiedergeburt", d.h. daß die Wassertaufe bewirkt, daß der Getaufte von neuem geboren wird und Vergebung der Sünden erfährt. Welche Schriftstellen werden zur Unterstützung dieser Lehre angeführt?

1. *Johannes 3,5.* Der Ausdruck „geboren aus Wasser und Geist“ soll darauf hinweisen, daß die Wiedergeburt durch die Wassertaufe bewirkt wird. Dazu ist aber zu sagen, daß erstens das Wort „Taufe“ gar nicht erwähnt wird. Wasser bedeutet nämlich nicht immer Taufe. In Johannes 7,38.39 wird es als Symbol des Heiligen Geistes verwendet. Die Konjunktion zwischen „Wasser“ und „Geist“ (griech.: kai) ist keine gewöhnliche Konjunktion und sollte vielleicht besser mit „nämlich“, „das heißt“ übersetzt werden. Dann würde es heißen: „. . . aus Wasser, *nämlich* aus Geist . . .“ Johannes 3,6–8 weist deutlich darauf hin, daß man „aus dem Geist geboren“ werden muß. Das Wasser hier könnte aber auch ein Bild für das Wort Gottes sein. Johannes 15,3 spricht von der Reinigung durch das Wort. In Epheser 5,26 lesen wir von „der Waschung mit Wasser durch das Wort“ und 1. Petrus 1,23 sagt, daß die Wiedergeburt durch das „lebendige und bleibende Wort Gottes“ geschieht. Drittens wird das Wasser auch als Bild für das ewige Leben gebraucht, wenn der Herr in Johannes 4,14 von der „Quelle Wassers“ spricht, „das ins ewige Leben quillt“. Zwei weitere Illustrationen der Neuen Geburt in Johannes 3 verwenden das Bild des Windes und das der ehernen Schlange. Keines von beiden hat etwas mit der Taufe zu tun. Der Wind ist in seinem Wehen unsichtbar, unberechenbar und nicht faßbar. Nichts deutet dabei auf einen Taufgottesdienst oder dergleichen hin.

2. *Titus 3,5.* Dieser Vers spricht von der „Waschung der Wiedergeburt“, aber wieder lesen wir nichts von „Taufe“ (andere Übersetzungen lesen „Bad der Wiedergeburt“ – Luther ’84, Schlachter, Zürcher; die liberal und sakramental geprägte „Gute Nachricht“ hat tückischerweise das völlig ungerechtfertigte „durch das Wasser der Taufe“). Parallel dazu steht der Ausdruck „die Erneuerung des Heiligen Geistes“. Außerdem ist das griechische Wort für „Waschung“ nicht „baptismos“ (wie in Mark. 7,4.8; Hebr. 6,2; 9,10), das mit dem Wort für „Taufe“, „baptisma“, verwandt ist, sondern „loutron“ mit der Bedeutung von „Waschung, Ganzwaschung, Bad“ (kommt nur in Tit. 3,5 und Eph. 5,26 vor).

3. *1. Petrus 3,21.* Der Ausdruck „welches Gegenbild auch euch jetzt errettet, das ist die Taufe“ scheint die Lehre der Taufwiedergeburt auf den ersten Blick zu stützen. Der folgende Satz nimmt dem Gedanken aber wieder die Grundlage, indem ausdrücklich gesagt wird, daß die Taufe eben *nicht* „ein Ablegen der Unreinigkeit des Fleisches“ ist – wie von den Anhängern der Taufwiedergeburt behauptet –, *sondern* „das Begehren eines guten Gewissens vor Gott“. Der Kontext dieses Verses spricht von den Gerichtswassern in den Tagen Noahs, die das

Leben auf der Erde zerstörten, die Arche der Rettung aber in Sicherheit trugen (Vers 20). In dieser Illustration ist Christus die Arche der Rettung. Er ging an unserer Stelle durch die Wasser des Todes und wir mit Ihm. Auf Ihn als unsere rettende Arche also bezieht sich dieses Bild der Sicherheit und Errettung. Wir haben unsere Sicherheit und Geborgenheit in Christus, nicht in der Wassertaufe.

4. *Markus 16,16.* Der Ausdruck „Wer da glaubt und getauft wird, wird errettet werden“ scheint die Taufe nun aber doch als notwendige Voraussetzung zur Errettung darzustellen. Allerdings müßten wir dann den nächsten Halbvers ignorieren: „. . . wer aber *nicht glaubt,* wird verdammt werden.“ Hier steht nicht: „. . . wer aber *nicht getauft wird,* wird verdammt werden.“

5. *Apostelgeschichte 22,16.* Dieser Vers sagt: „Laß dich taufen und deine Sünden abwaschen“ und lehrt scheinbar die Vergebung der Sünden durch die Taufe. Wenn dies aber wirklich so wäre, würde dadurch geleugnet, daß Vergebung der Sünden allein durch das Blut Jesu bewirkt wird (1. Joh. 1,7; Hebr. 9,22). Dieser Vers ist ein Teil von Paulus' Bericht über seine Bekehrung. Ananias forderte Paulus auf, sich taufen zu lassen, aber ebenso, den Namen des Herrn anzurufen (vgl. Röm. 10,13). Das Taufwasser wäscht nicht die Sünden weg (Off. 1,5).

Die Bibel lehrt klar, daß unsere ewige Errettung nicht durch das Wasser geschieht, was aus folgenden Beispielen klar ersichtlich wird: (1) Der Schächer am Kreuz wurde ohne Wasser gerettet (Luk. 23,43). (2) Paulus taufte nicht immer persönlich diejenigen, die er zum Herrn geführt hatte – eine unentschuldbare Unterlassung, wenn dadurch die Wiedergeburt bewirkt würde (1. Kor. 1,14–17). (3) Jesus Selbst taufte nicht, obwohl Er der Erretter war (Joh. 4,2). (4) Die aus den Nationen waren errettet und hatten den Heiligen Geist empfangen, bevor sie getauft wurden (Apg. 10,44–48).

Anmerkung der Herausgeber: Andererseits sollte uns natürlich nicht nur klar sein, was die Bibelstellen, die die Taufe mit „Errettung“ (Mark. 16,16; Apg. 2,40.41; 1. Petr. 3,21), „Abwaschen von Sünden“ (Apg. 22,16) und „Vergebung der Sünden“ (Apg. 2,38) verbinden, *nicht* bedeuten, sondern auch, was ihr *eigentlicher Sinn* ist.

Die Lösung liegt unseres Erachtens darin, daß die Bibel neben der „vertikalen“ Errettung von der ewigen Verdammnis für den Himmel und die Ewigkeit (in diesem Sinn wird „Errettung“ von uns meist ausschließlich verstanden) sehr wohl auch eine „Errettung“ in „horizontalem“, diesseitigen, zeitlichen Sinn kennt: So z.B. „E. aus der Hand der Feinde“ (1. Sam. 12,10; Luk. 1,71.74); „E. aus der Hand der Ägypter“ (2. Mo. 3,8; 14,13.30; Ri. 10,11.12; Jud. 5); „E. vom (leiblichen) Tod“ (Jos. 2,13; Ps. 33,19; Spr. 24,11); „E. aus Lebensgefahr“

(2. Tim. 3,11; 4,19), „E. aus Seenot“ (Apg. 27,31.44; 28,1.4); „E. von den schlechten Menschen“ (2. Thess. 3,2) u.v.a.

Die Errettung „von diesem verkehrten Geschlecht“ (Apg. 2,41), die Errettung aus Ägypten durchs Rote Meer hindurch, die Errettung von der alten Welt durch die Wasser der Sintflut im Fall Noahs (Hebr. 11,7; 1. Petr. 3,20.21) könnten wir zusammenfassend als „Errettung vom alten Weltsystem mit all seinen widergöttlichen Denk- und Verhaltensweisen“ bezeichnen. Die Errettung geschieht dabei immer durch Wasser hindurch, das jeweils wiederum Tod für das „alte Weltsystem“ (der vorsintflutlichen Menschheit bzw. Ägyptens) bedeutet. Genau diese beiden in der Bibel bedeutsamsten „Rettungsaktionen durch Wasser hindurch“ werden im Neuen Testament auf die Taufe bezogen: 1. Korinther 10,1.2 und 1. Petrus 3,20.21.

So ist die Taufe also *absolut nicht* Errettung im Sinn von Erlösung von unseren Sünden und ewige Errettung für den Himmel („vertikal“), aber *sehr wohl* Errettung *von* der Welt als dem gegenwärtigen, von Satan beherrschten gottfeindlichen Denk- und Wertesystem („Ägypten“, die vorsintflutliche, perverse Welt, „dieses verkehrte Geschlecht“), *hin* zu einer neuen Welt, wo die Grundsätze und Normen Gottes unser Leben bestimmen („horizontal“). Dieser „horizontalen“, zeitlichen, diesseitigen Errettung ging und geht aber immer die „vertikale“, ewige, jenseitige Errettung voraus (im Fall Israels war es das an die Türpfosten gestrichene Blut des Lammes; im Fall Noahs bezeugt uns Gottes Wort, daß er schon lange vor der Sintflut „ein gerechter, vollkommener“ Mann war).

Zu den Stellen im einzelnen:

Markus 16,16. Auch hier geht, wie soeben gesagt, die „vertikale“, innere Errettung („wer da glaubt“) der „horizontalen“, äußeren („und getauft wird“) voraus. Doch bilden beide deutlich eine Einheit. Der Glaube rettet für den Himmel. Als Konsequenz davon möchte ich diese Errettung aber auch auf der Erde sichtbar machen, indem ich mich in der Taufe bewußt von den Ungläubigen trenne, um den Rest meines Lebens auf der *Erde* nach neuen, *himmlischen* Grundsätzen zu leben.

Apostelgeschichte 2,40.41. Die, die in Jerusalem das von dem Apostel Petrus gepredigte Wort aufnahmen, hatten sieben Wochen zuvor geschrien: „Kreuzige ihn! Hinweg mit ihm! Wir wollen nicht, daß dieser über uns herrsche!“ Durch die Taufe ließen sie sich äußerlich erretten „von diesem verkehrten Geschlecht“ von Christusmördern und Gottesfeinden, zu dem sie eben noch selbst gehört hatten. Durch die Taufe distanzierten sie sich öffentlich von ihrem alten Leben und Denken und traten für alle sichtbar von der Seite des „verkehrten Geschlechts“ hinüber auf die Seite des verworfenen Christus und Seiner Nachfolger.

Apostelgeschichte 22,16. Die Verbindung von Taufe und Sündenabwaschung zeigt, daß die Taufe offensichtlich das äußere Bild der Sündenvergebung ist. Christus hat uns durch Sein Blut von unseren Sünden gewaschen (1. Joh. 1,7; Off. 1,5). Das ist Errettung für den *Himmel.* In der Taufe verurteilen wir unser altes Leben in der Welt. Das ist Errettung „von diesem verkehrten Geschlecht“ und gilt als Zeugnis für die *Menschen.*

1. Petrus 3,21. Noah wurde durch das Wasser der Sintflut hindurch gerettet. Er kam von einer verunreinigten auf eine durch Wasser gerichtete und gereinigte Erde. Das Gegenbild dazu ist die Taufe. Die Taufe rettet uns von dieser Welt, von den Menschen, die ein schlechtes und böses Gewissen haben (primär, weil sie Gott und Seinem Christus nicht gehorsam sein wollen). Indem wir uns taufen lassen, bezeugen wir, daß wir ein gutes Gewissen vor Gott haben und haben möchten, d.h. wir haben einmal bei unserer Bekehrung Gott gehorcht und wollen nun den Rest unseres Lebens in ständigem Gehorsam Gott gegenüber verbringen (siehe 1. Petr. 4,1–5).

Wie wird man getauft?

1. *Der Taufvorgang.* Die ersten Christen wurden bei der Taufe ganz in Wasser untergetaucht. Das Übergießen und Besprengen scheint im zweiten Jahrhundert begonnen und sich bis zum 13. Jahrhundert sehr weit verbreitet zu haben. Jedoch deutet die *Praxis der Taufe* in der Schrift auf das vollständige Untertauchen hin, wie wir es an den Beispielen des Johannes (Matth. 3,16; Joh. 3,23) und des Philippus sehen (Apg. 8,38.39). Die *Symbolik der Taufe* verlangt auch das Untertauchen. Das Begrabenwerden mit Christus (Kol. 2,12; Röm. 6,4) wird durch vollständiges Untertauchen im Wasser besser versinnbildlicht als durch bloßes Besprengen des Kopfes. „Ein Tropfen ist so gut wie ein Ozean“ wird gesagt, aber ein Tropfen ist kein Bild für Begrabenwerden. Die *Bedeutung des Wortes* „Taufe“ ist eigentlich „untertauchen“. Hätte der Geist Gottes Besprengung gemeint, so wäre ein anderes Wort (rhantizo) verwendet worden. Also deuten Praxis, Symbolik und Bedeutung auf Taufe durch Untertauchen hin.

2. *Die Tauffformel.* Die Aussage bei der Taufe ist: „auf den Namen des Vaters und des Sohnes und des Heiligen Geistes“ (Matth. 28,19). Die Worte „auf den Namen Jesu“ oder „auf den Namen des Herrn“ (oder ähnliche Formen) werden in Apostelgeschichte 2,38; 8,16; 10,48 verwendet. Sie scheinen eine abgekürzte Form darzustellen, besonders um die Unterscheidung zur Taufe des Johannes darzustellen (Apg. 19,3–5).

3. *Der Täufer.* Der Täufer sollte ein entschiedener Christ sein, der Erfahrung im Umgang mit Seelen hat und geistliches Unterscheidungsvermögen besitzt. Täufer wurden im Neuen Testament weder von der Gemeinde ordiniert noch waren es besondere Taufbrüder.

Warum ist die Taufe so wichtig?

Wir fragen uns jetzt vielleicht: „Wenn die Taufe uns nicht von Sünden reinigt, oder uns zum Teil der Gemeinde macht, oder unsere Errettung garantiert, warum ist sie dann so wichtig?“ Überlegen Sie folgendes:

1. *Die Taufe ist untrennbar mit dem Missionsbefehl verbunden.* Persönlicher Gehorsam dem Missionsauftrag gegenüber heißt, daß wir auch, bezüglich der Taufe, dem Herrn gehorsam sind, und daß die Taufe auch gelehrt und praktiziert wird. Dadurch sind wir der Aufforderung gehorsam „und lehrt sie alles zu bewahren, was ich (Christus) euch

geboten habe“ (Matth. 28,19.20).

2. *Die Taufe ist ein Bekenntnis, das die Welt sieht.* Die Taufe ist eines der wirksamsten Zeugnisse für unsere Familie und Freunde.

3. *Die Taufe ist ein Zeugnis für andere Gläubige.* Weil die Taufe ein äußeres und öffentliches Zeugnis der Identifikation mit Christus und dem Evangelium darstellt, ist sie folglich auch eine Identifikation mit anderen Gläubigen. In manchen Ländern, wo Christen ihres Glaubens wegen verfolgt werden, nehmen sich die Gläubigen vor einem Christen in acht, der nicht zu einer öffentlichen Stellungnahme durch die Taufe bereit ist.

Zusammenfassung

Wir haben den Befehl Christi, uns taufen zu lassen. Von den ersten Tagen des Christentums an haben die an Ihn Gläubigen sich der Taufe unterzogen. So wie wir ein moralisch gutes Leben führen, Seiner durch das Brotbrechen gedenken, unseren Glauben an Christus bekennen und uns mit anderen Gläubigen versammeln sollen, so sollen wir uns auch taufen lassen. Die Taufe ist nicht notwendig zur Errettung für den Himmel, aber wichtig als Zeugnis für die Menschen. Wir sollen dann auch die Echtheit unseres Bekenntnisses zu Christus durch das Führen eines „getauften Lebens“ beweisen.

Begraben in der Taufe

1. Welchen Wert legte Christus auf die Taufe (Matth. 28,19.20)?

   - alle Völker taufen
   - wichtiger Schritt der Nachfolge / des Gehorsams

   Wie steht Johannes 14,21 im Verhältnis zur oben genannten Stelle?

(Um die Fragen 2 – 4 zu beantworten, lesen Sie bitte Apg. 2,41; 8,12.36–39; 10,47.48; 16,14.15.30–33; 18,8.)

2. Was war die erste Handlung für einen neubekehrten Christen zur Zeit des Neuen Testamentes?

3. Welche Entscheidung ist vor der Glaubenstaufe notwendig?

4. Wie bald wurden zur Zeit des Neuen Testamentes Gläubige nach ihrer Bekehrung getauft?

Aus welchen Gründen könnte jemand heutzutage seine Taufe hinauszögern?

5. Unzählige Argumente für verschiedene Praktiken der Taufe (Untertauchen, Übergießen, Besprengen) sind vorgebracht worden. Vom Zusammenhang von Apostelgeschichte 8,36–39 ausgehend, wurde welche Art der Taufe allgemein im Neuen Testament praktiziert?

6. Was ist nach 1. Korinther 15,3.4 die grundlegende Botschaft des Evangeliums?

   Wenn man mit dieser Stelle Römer 6,3–6 und Kolosser 2,12 vergleicht, wie versinnbildlicht der Taufvorgang die grundlegende Botschaft des Evangeliums?

7. Geben Sie mit eigenen Worten Galater 2,20 wieder. Was sagt dieser Vers über das „getaufte“ Leben aus?

8. Hätte nach Frage 3 und 6 die Taufe eines Kleinkindes oder Ungläubigen irgendeinen Wert? Warum oder warum nicht?

Schlagen Sie das Wort „Taufe“ (oder verwandte Wörter) in einer Konkordanz nach. Wird „Taufe“ je im Zusammenhang mit Kleinkindern erwähnt?

Wenn jemand als Kind oder vor seiner Bekehrung zu Christus getauft wurde, sollte er dann als Gläubiger getauft werden? Erklären Sie!

9. Manche Gruppen lehren, daß die Glaubenstaufe notwendig zur Errettung ist und zitieren dazu Markus 16,16. Was würden Sie anhand von Apostelgeschichte 10,44.47.48 (vgl. Röm. 8,9) dagegen einwenden?

Was reinigt uns allein von unseren Sünden (Hebr. 9,14.22; 1. Joh. 1,7; Off. 1,5)?

Welche Bedeutung haben folgende Stellen (Apg. 2,40f; 22,16; Mark. 16,16a; 1. Petr. 3,21)?

10. Kreuzen Sie eine der folgenden Antworten an:
   a) Ich bin getauft worden, nachdem ich Jesus Christus als meinen Herrn und Retter angenommen habe.
   b) Ich bin seit meinem Christwerden nicht getauft worden und möchte gerne mit einem erfahrenen Bruder über die Taufe sprechen.
   c) Ich habe Fragen über die Glaubenstaufe und möchte mehr Information.
   d) Andere Kommentare:

LEKTION 5

Ewige Errettung

„Aber mein Heil wird in Ewigkeit sein", spricht der Herr (Jes. 51,6b). Unser großer Gott und Erretter hat in Seinem Volk ein Werk begonnen und wird es „vollenden bis auf den Tag Jesu Christi" (Phil. 1,6). Der Herr Jesus ist der „Urheber ewiger Errettung" geworden (Hebr. 5,9). Er hat eine ewige Erlösung für uns erfunden (Hebr. 9,12). Das Leben, das in Gott ist, ist ewig (Joh. 1,4; 5,26; 1. Joh. 1,2). Und dieses Leben wird dem Menschen durch die Errettung verliehen (1. Joh. 5,11.12). Wer Sein Wort hört (Joh. 5,24), an den Sohn glaubt (Joh. 3,15.16) und „sein Fleisch ißt und sein Blut trinkt" (gemeint ist damit Sein Werk am Kreuz von Golgatha für sich in Anspruch nehmen; Joh. 6,56), der hat ewiges Leben. Ewiges Leben ist die *Gabe* Gottes (Röm. 6,23; Joh. 17,2). Dieses Geschenk hat Gott sehr viel gekostet, nämlich das Leiden und Sterben Seines Sohnes. Es kann nicht durch Hingabe oder Jüngerschaft verdient werden, denn dann wäre es kein Geschenk mehr, sondern eine Verpflichtung Gottes dem gegenüber, der es sich verdient hat (Röm. 4,4). Nichts in diesen Versen deutet darauf hin, daß das ewige Leben ein Leben ist, das ein Mensch nur vorübergehend besitzt, solange er einen guten Lebenswandel führt. Es gibt keine Lehre über ein „zeitweiliges" ewiges Leben; dieser Ausdruck alleine wäre ein Widerspruch.

Beeindruckend sind die Verse, die die Errettung des Gläubigen als etwas Sicheres und Unaufhörliches beschreiben. Wir sind wiedergeboren „zu einem unvergänglichen und unbefleckten und unverwelklichen Erbteil, das in den Himmeln aufbewahrt ist für euch, die ihr in der Kraft Gottes durch Glauben bewahrt werdet zur Errettung, die bereit ist, in der letzten Zeit geoffenbart zu werden" (1. Petr. 1,4.5). Beachten Sie die ununterbrochene Folge: „Die er aber zuvorbestimmt hat, diese hat er auch berufen; und die er berufen hat, die hat er auch gerechtfertigt; die er aber gerechtfertigt hat, diese hat er auch verherrlicht" (Röm. 8,30). Weder Gegenwärtiges noch Zukünftiges kann uns von der Liebe Gottes trennen (Röm. 8,38.39). Wenn wir das ewige Leben durch den Herrn Jesus Christus erhalten haben, kann uns nichts aus der bewahrenden Hand Gottes reißen (Joh. 10,28.29). Keine Bedingung ist daran geknüpft, wie zum Beispiel: „wenn die Schafe gehorsam sind" oder „wenn sie sich selbst an Seiner Hand festhalten". Und kein Mensch hat das Recht, derartige Bedingungen an das Wort Gottes zu knüpfen. Die bewahrende Kraft ist in Gott und nicht in dem Menschen. Er allein ist in der Lage, uns zu befestigen bis ans Ende (1. Kor. 1,8).

Er ist in der Lage, uns zu bewahren (2. Tim. 1,12). Er ist in der Lage, völlig und für immer zu erretten (Hebr. 7,25). Die Errettung gilt für immer, weil ihr Vollbringer und Vollender unser allmächtiger Gott ist.

Die Vollkommenheit der ewigen Errettung

Betrachten wir das Rettungswerk dessen, der der Anfänger und Vollender unseres Glaubens ist (Hebr. 12,2).

1. *Vollkommene Geburt.* Wenn wir in die Familie Gottes hineingeboren sind, muß unsere Errettung ewig sein. Der Herr Jesus sagte zu Nikodemus, daß man „von neuem geboren" werden muß, um in das Reich Gottes eingehen zu können (Joh. 3,3–7). Wir sind von neuem geboren, wenn wir wahrhaftig an den Namen des Sohnes Gottes glauben (Joh. 1,12.13). Nirgends lehrt uns die Heilige Schrift, daß wir *immer wieder* von neuem geboren werden müssen, um Glieder der Familie Gottes zu bleiben. Genau wie die physische Geburt nur einmal geschieht, geschieht auch die geistliche Geburt nur einmal.

2. *Vollkommenes Opfer.* Der Hebräerbrief macht uns klar, daß im Unterschied zu den vielen Opfern im Alten Testament das Werk Jesu Christi am Kreuz von Golgatha die Schuldfrage der Sünder ein für allemal gelöst hat. Dieses Werk ist vollkommen, ewig und „ein für allemal". Wir können und sollen von uns aus nichts hinzufügen. „Wir sind geheiligt durch das *ein für allemal* geschehene Opfer des Leibes Jesu Christi" (Hebr. 10,10). „Dieser aber hat *ein* Schlachtopfer für Sünden dargebracht und sich für immer gesetzt zur Rechten Gottes" (Hebr. 10,12). „Denn mit einem Opfer hat er die, die geheiligt werden, für immer vollkommen gemacht" (Hebr. 10,14). Nichts aus diesen Versen spricht davon, daß die Anwendung dieses vollkommenen Opfers auf unsere Seelen von unserem fortwährenden guten Verhalten abhängt. Der Gläubige ruht in dem vollendeten Werk Christi, plus gar nichts.

3. *Vollkommene Einheit.* Die Erlösung macht uns nicht nur zu Gliedern einer örtlichen Gemeinde. Wir werden, geistlich gesehen, in den Leib Christi miteinverleibt, vereint mit dem Sohne Gottes. Der Heilige Geist tauft uns in den Leib Christi hinein (1. Kor. 12,13) und macht uns zu Gliedern seines Leibes (1. Kor. 12,27; Eph. 5,30). Diese Vereinigung ist so tief, daß die Verfolgung von Gläubigen der Verfolgung Christi gleichkommt (Apg. 9,4.5). Unsere Identifikation mit Ihm in Gottes Augen ist so völlig, daß wir mit Christus lebendig gemacht und mit Ihm auferweckt und mit Ihm in die Himmelswelt mitversetzt

wurden (Eph. 2,4–6). Unsere Verbindung mit Christus ist das geistliche Muster für den Ehebund (Röm. 7,4; Eph. 5,31.32). Nichts kann uns von Seiner Liebe und Fürsorge trennen (Röm. 8,35–39). Er hat gesagt: „Ich will dich nicht versäumen noch verlassen" (Hebr. 13,5).

4. *Vollkommenes Werk des Heiligen Geistes.* Das Wirken des Heiligen Geistes im Alten Testament und zur Zeit der Evangelien unterscheidet sich von seinem gegenwärtigen Wirken im Leib Christi. Der Heilige Geist kam über Menschen und verließ sie wieder (1. Sam. 16,14). David befürchtete die Wegnahme des Geistes der Heiligkeit (Ps. 51,11). Der Herr Jesus hat zum Gebet um den Heiligen Geist aufgefordert (Luk. 11,13). Jedoch hat der Herr sehr deutlich gemacht, daß nach Seinem Hingehen ein neues und anderes Werk des Geistes beginnen würde.

   Bevor der Herr Jesus verherrlicht war, hieß es „denn noch war der Geist nicht da" (Joh. 7,39). Der Heilige Geist sollte später durch den Herrn Jesus Christus gegeben werden, um *auf ewig* in dem Gläubigen *zu bleiben* (Joh. 14,16.17). Dies wurde zu Pfingsten verwirklicht, es war der Anfang eines neuen Zeitalters (Apg. 1,4.5; 2,1–18.33). Kein echter Gläubiger kann jetzt ohne den Geist Christi sein (Röm. 8,9b). Wenn wir tatsächlich an die Botschaft des Evangeliums glauben, dann sind wir versiegelt mit dem Heiligen Geist, welcher das Pfand oder die Garantie unserer Erlösung ist (Eph. 1,13.14; 4,30; 2. Kor. 1,22). Diese Salbung des Heiligen Geistes *bleibt* in allen echten Gläubigen (1. Joh. 2,27). Jeder Gläubige ist von Gott versiegelt und hat die Garantie einer ewigen Erlösung und eines ewigen Erbes.

5. *Vollkommener Sachwalter.* In der ganzen Bibel wird von keiner Person außer dem Herrn Jesus Christus berichtet, der nie gesündigt oder versagt hätte. Was geschieht, wenn ein wahrhaft Gläubiger sündigt? Er muß die Sünde bekennen und lassen (Spr. 28,13; 1. Joh. 1,9). Es besteht aber auch die Notwendigkeit eines Vertreters für uns vor dem heiligen Gott. Der Herr Jesus ist unser Sachwalter (wörtlich: „ein zur Unterstützung Herbeigerufener"). In dieser Funktion verwendet Er sich beim Vater für uns (1. Joh. 2,1). Er sitzt zur Rechten Gottes und tut unaufhörlich Fürbitte für uns (Röm. 8,34; Hebr. 9,24). Er ist in der Lage, für immer (oder: völlig) diejenigen zu erretten, für die Er bittet (Hebr. 7,25–28). Es wird nirgends erwähnt, daß Seine Fürbitte von unserem guten Charakter oder Benehmen abhängt. Wie könnten wir mit einem solchen Sachwalter im Gerichtssaal des Himmels je verloren gehen?

6. *Vollkommene Bewahrung.* Jede Form der Errettung, die von der Treue des Menschen abhinge, wäre von vornherein zum Versagen verurteilt. Die Schwachheit des Fleisches ist wohlbekannt (Röm. 6,19). Was im Geist angefangen wurde, kann nicht durch unser Fleisch vollendet werden (Gal. 3,3). Es ist daher sehr beruhigend, die Worte unseres Heilandes zu hören: „Dies aber ist der Wille dessen, der mich gesandt hat, daß ich von allem, was er mir gegeben hat, nichts verliere, sondern es auferwecke am letzten Tag. Denn dies ist der Wille meines Vaters, daß jeder, der den Sohn sieht und an ihn glaubt, ewiges Leben habe; und ich werde ihn auferwecken am letzten Tag" (Joh. 6,39.40). Der Herr ist der Hüter unserer Seelen, und das wird immer wieder im Neuen Testament betont (Joh. 10,27–30; 1. Kor. 1,8; Phil. 1,6; Jud. 24.25; 1. Petr. 1,5). Aus keinem dieser Verse läßt sich herauslesen, daß diese Zusicherung von menschlicher Treue oder Aufrichtigkeit abhängig ist.

Probleme bezüglich der ewigen Errettung

Es ist verständlich, daß viele aufrichtig Gläubige Schwierigkeiten haben, die Lehre über die ewige Errettung anzunehmen. Ihre Einwände fallen in drei Kategorien.

1. *Das Versagen des „Bekehrten".* Einige Menschen behaupten, daß die Errettung rückgängig gemacht werden kann, weil manche, die sich zu Christus bekannten (Prediger miteingeschlossen), moralisch versagt, sich von Gott abgewandt und schließlich den Herrn sogar offen verworfen haben. Wenn Menschen in ihr altes Leben zurückkehren oder rebellieren, wie können sie da auf Errettung hoffen? Um diese Frage zu beantworten, muß man zuerst untersuchen, ob jeder, der behauptet, Christ zu sein, auch wirklich gerettet ist. Die Möglichkeit zu einem toten Bekenntnis zu Christus wird im Neuen Testament deutlich erwähnt. Der Herr Jesus erzählte das Gleichnis vom Weizen und vom Unkraut, die gemeinsam wachsen (Matth. 13,24–30.36–42). Das Unkraut sind nie die Kinder Gottes. Die Umkehr in das sündige Leben, nachdem man den „Weg der Gerechtigkeit" erkannt hat, wird mit einem Hund verglichen, der zu seinem eigenen Gespei zurückkehrt, und einer Sau, die sich wiederum im Kot wälzt (2. Petr. 2,20–22). Der Hund und die Sau kehren wieder zu ihren natürlichen Gewohnheiten zurück, weil sie nie durch den Heiligen Geist zu Schafen Christi gemacht worden waren. Der Herr Jesus wird eines Tages jene verurteilen, die zu Ihm kommen und auf ihre guten Werke als Beweis einer lebendigen Beziehung mit Ihm pochen. Er wird zu

ihnen sagen: „Ich habe euch niemals gekannt. Weicht von mir, ihr Übeltäter“ (Matth. 7,23). Es ist wichtig, daß Er nicht sagt: „einst habt ihr mich gekannt, aber ihr habt euch wieder von mir abgewandt.“

Rettender Glaube unterscheidet sich vom Pseudoglauben. Ein Gebet in der Kindheit, eine erhobene Hand, ein Nachvornegehen in einer Evangeliumsverkündigung, eine Taufe oder ein aktiver Dienst in einer Gemeinde versichern niemandem, daß er gerettet ist. Es ist nicht das äußere *Bekenntnis,* das ewige Sicherheit gibt, sondern eine *echte, wahrhaftige Errettung!* Gewohnheitssünden wie Unmoral, Streit, Zorn, Trunkenheit und Eifersucht sind warnende Zeichen. „Die, die so etwas tun, werden das Reich Gottes nicht ererben“ (Gal. 5,19–21). Die Echtheit des rettenden Glaubens kann nach den folgenden Versen überprüft werden: 1. Johannes 2,3–6.15; 3,6–10.14; 5,2–4. Wenn wir dem Herrn Jesus und Seinem Wort nicht gehorchen, wenn wir in der Sünde leben, wenn wir die Welt lieben und die Kinder Gottes nicht lieben, dann beteuern wir umsonst, daß wir Ihn kennen. Gott sagt, daß wir dann Lügner sind (1. Joh. 1,6; 2,4). In diesem Fall hat eine neue Geburt niemals stattgefunden.

2. *„Freibrief zur Sünde“.* Manche schließen, daß, wenn Menschen die Gewißheit ewiger Errettung haben könnten, sie dann auf geistlichem Gebiet völlig gleichgültig wären. Sie wären dann frei, „darauf los zu sündigen“. Das ist ein gefährliches Mißverständnis und eine verdrehte Wiedergabe dieser Lehre. Ein wahres Schaf Christi hat das Verlangen, seinem Hirten nachzufolgen und nicht Seine Liebe und Seine Gnade auszunützen. Die Heilige Schrift lehrt, daß Gott Wege hat, mit Seinen Kindern, die sündigen, umzugehen. Eine Art ist die Bestrafung oder die „Züchtigung“ durch den Herrn (Hebr. 12,5–11). Zurechtweisung unterscheidet sich aber von Ausweisung aus der Familie Gottes. Gott läßt zu, daß Kinder, die vom Wege abweichen, ihre Freude, ihren Frieden, ihr Zeugnis, ihre Kraft im Gebet und ihre Fruchtbarkeit in diesem Leben verlieren, und daß sie auch im künftigen Leben vor dem Richterstuhl Christi ihres Lohnes verlustig gehen. Kein Schaf Christi sollte gleichgültig auf einem Irrweg verharren.

3. *Schriftstellen, die im „Widerspruch“ zur ewigen Errettung stehen.* Manche versuchen, die Lehre von der ewigen Erlösung zu widerlegen, indem sie Schriftstellen zitieren, die dieser Lehre scheinbar widersprechen. Aber Lehre wird auf die ganze Heilige Schrift aufgebaut und nicht nur auf Teile daraus.

   Das Wort Gottes wird sich selbst nie widersprechen, wenn alle Verse richtig in Einklang gebracht werden. Viele Verse müssen sorgfältig geprüft werden, welche den Schein erwecken, daß Menschen, die sich einmal mit Christen identifizierten, später abfielen und ihre Errettung verloren. Wir werden die wichtigsten Stellen in der Heiligen Schrift näher betrachten, die scheinbar im Widerspruch zur Lehre von der ewigen Errettung stehen.

a) „Abfallen". Stellen in der Heiligen Schrift, die über Menschen sprechen, die „abfallen", werden manchmal ausgelegt, daß wahrhaft Gläubige ihre Errettung verlieren können. „Abfallen" *(apostasia)* bedeutet jedoch in erster Linie einen Abfall vom Glauben derjenigen, die sich einmal als Christen bekannt haben. Im besonderen umfaßt es die Leugnung der Gottheit Christi und der ausschließlich durch Sein am Kreuz vergossenes Blut geschehenen Erlösung. Solche Menschen verlassen leider nicht die Gemeinde. Viele bleiben und werden sogar zu ihren Lehrern (2. Tim. 4,3). Andere gehen einfach. „Sie sind von uns ausgegangen, aber sie waren nicht von uns" (1. Joh. 2,19). Der Judasbrief beschreibt solche Personen so treffend, daß er in Anlehnung an „Apostelgeschichte" als die „Abgefallenengeschichte" bezeichnet wurde. Solche Menschen schleichen sich unbemerkt ein. Sie sind „Gottlose" (Vers 4), „Wolken ohne Wasser" (Vers 12), „die den Geist nicht haben" (Vers 19). Es ist offensichtlich, daß solche Menschen keine wahren Gotteskinder sind, obwohl sie „eine Form der Gottseligkeit" haben können (2. Tim. 3,5). Weitere Beschreibungen solcher Menschen finden wir in 1. Timotheus 4,1–3; 2. Petrus 2,1.15–22; 1. Johannes 2,18–22 und 2. Johannes 7–9. Ein anderes Wort als *apostasia* wird für jene Personen verwendet, die aus der Gnade gefallen sind (Gal. 5,4), die erste Liebe zu Christus verlassen haben (Off. 2,4.5) und von ihrer Festigkeit gefallen sind (2. Petr. 3,17). Diese Ausdrücke weisen auf ein Versagen bei Gläubigen hin, bedeuten aber nicht einen „Abfall von der Errettung".

b) Bedingungssätze. Einige Schriftstellen sprechen über die Errettung im Zusammenhang mit einer „wenn"-Klausel. Dieses „wenn" wird von manchen so verstanden, daß man die Errettung nur dann behält, *wenn* man beständig auf eine bestimmte Art und Weise lebt. Genaueres Studium wird uns aber zeigen, daß sie vielmehr aussagen, daß es um Menschen geht, deren Errettung von vornherein nicht echt war, was sie durch ein Leben, welches nicht den Maßstäben der Heiligen Schrift entspricht, dann auch beweisen. Der Hebräerbrief enthält viele Verse mit „Bedingungen", die eine Errettung auf ihre Echtheit prüfen. Der Brief ist an eine Gruppe von Juden gerichtet, die aus wiedergeborenen Gläubigen und nicht wiedergeborenen, wankelmütigen Nachfolgern bestand. Die letzteren liefen Gefahr, wieder zu den Tempelopfern zurückzukehren und nicht mehr allein auf das Blut Jesu Christi zu vertrauen. Jede dieser einzelnen Warnungen ist an die Wankelmütigen gerichtet, die bereit waren, die verschwommene Hoffnung, die sie auf Christus setzten, die aber keine neue Geburt bewirkt hatte, wieder aufzugeben (Hebr. 2,1–3; 3,6.12.14; 4,1; 12,25). Andere Stellen, welche von einem beständigen Vertrauen auf Christus sprechen, sind 1. Korinther 15,1.2 und Kolosser 1,22.23. Der Abschnitt in Hebräer 6,4–6 hat schon viele beunruhigt. Die Beschreibung könnte auf Christen zutreffen, abgesehen von zwei Dingen. Es wird nichts erwähnt von einer *Versiegelung,* oder von einem *Innewohnen* des Heiligen Geistes, sondern nur von einem Teilhaben am Wirken des Heiligen Geistes (Vers 4). Dies trifft zu auf jene, die scheinbar den Weg mit Christus gehen, aber nicht gerettet sind. Dann aber sagt der Schreiber in Vers 9: „Wir aber sind, wenn wir auch so reden, im Hinblick auf euch, Geliebte, vom Besseren und zur Errettung Dienlichen überzeugt"; damit sagt er, daß die vorhergehende Beschreibung nicht auf wahrhaft Gläubige zutrifft. Wenn dieser Abschnitt ein Beweis dafür ist, daß ein Schaf verloren gehen kann, dann beweist er zuviel, denn dann wäre es für einen Menschen, der abgefallen ist, unmöglich, erneut Buße zu tun. Das hier angesprochene Vergehen ist ein bewußtes Lossagen von der Abhängigkeit von dem Blut Jesu, nicht alltägliche Verfehlungen.

Eine weitere ernste Warnung finden wir in Hebräer 10,26–39, wo von solchen, die „mutwillig sündigen", gesprochen wird. Wenn wir Vers 26 und Vers 39 vergleichen, werden wir feststellen, daß sich die beiden „wir" voneinander unterscheiden. Der vorsätzliche Sünder in Vers 26 hat sich von dem allein gültigen Opfer abgewandt und „den Sohn Gottes mit Füßen getreten" (Vers 29). Die andere Gruppe finden wir in Vers 39. *„Wir aber* sind nicht von denen, die zurückweichen zum Verderben, sondern von denen, die da glauben zur Errettung der Seele." Wahrhaft Gläubige verlassen nicht das Kreuz Christi, ihre einzige Hoffnung. Rettender Glaube ist von Dauer.

c) Verschiedene Gleichnisse. Teile einzelner Gleichnisse werden manchmal dazu verwendet, die Lehre von einer „Errettung auf Bewährung" zu unterstützen. Korrekte Bibelauslegung verlangt jedoch, daß die Einzelheiten eines Gleichnisses im Lichte und im

Zusammenhang mit der Hauptlehre des Gleichnisses ausgelegt werden. Vier Gleichnisse, die oft verwendet werden, um die „Errettung auf Bewährung“ zu lehren, wollen wir hier prüfen:

(1) Der Sämann (Luk. 8,4–15). *Problem:* Da sind solche, „die eine Zeit glauben“. *Erklärung:* Es wird ebenfalls erwähnt, daß sie keine Wurzel hatten. Was war es, woran sie glaubten? Dämonen glauben ebenfalls, aber sie sind deswegen nicht gerettet (Jak. 2,19). Das Gleichnis beschäftigt sich mit dem Zustand der Herzen derer, die das Wort Gottes hören. Jene, die mit einem aufrichtigen und rechtschaffenen Herzen hören und glauben, die werden gerettet und werden Frucht bringen mit Ausharren (Luk. 8,15).

(2) Der Verwalter (Luk. 12,41–48). *Problem:* Der treulose Verwalter hatte nicht auf des Herrn Kommen geachtet; er wird ihm „sein Teil setzen mit den Ungläubigen“. *Erklärung:* Jeder Mensch ist ein Verwalter über alle Dinge, die ihm Gott gegeben hat. Es gibt keinen Hinweis, daß der treulose Verwalter gläubig war und seine Errettung verwirkt hat.

(3) Der Grundsatz der Vergebung (Matth. 18,23–35). *Problem:* Es wird gesagt, wenn wir anderen nicht vergeben, so wird Gott uns auch nicht vergeben. Der böse Knecht wurde den „Folterknechten“ ausgeliefert. *Erklärung:* Es weist nichts darauf hin, daß der Knecht, der nicht vergeben hatte, auch gerettet war. Was wir hauptsächlich daraus lernen sollten, ist, im Lichte der Gnade Gottes anderen gegenüber gerecht zu sein.

d) Andere Schriftstellen. Schriftstellen, die von einem schiffbrüchigen Glauben (1. Tim. 1,19.20), von einem abgeirrten Glauben (1. Tim. 6,10.21) und von einem zerstörten Glauben (2. Tim. 2,18) sprechen, werden oft verwendet, um die ewige Errettung zu widerlegen. Diese Verse können jedoch *sowohl* auf abirrende Gläubige *als auch* auf falsche Lehrer bezogen werden. „Der Herr kennt, die sein sind“ (2. Tim. 2,19). Wir können oft in Anbetracht eines verworrenen Lebens nicht mit Sicherheit sagen, ob ein anderer gerettet ist. Von der Schilderung im 1. Buch Mose könnten wir nicht sicher wissen, daß Lot errettet war, aber es wird uns in 2. Petrus 2,7–9 gesagt.

Gläubige können ihre Belohnung am Richterstuhl Christi verlieren und trotzdem gerettet sein, wenn auch ihr Lebenswerk „verbrannt“ wird (1. Kor. 3,15). Dies war zweifellos der Gedanke des Apostels, als er von der Gefahr sprach, verwerflich oder unbewährt zu werden (1. Kor. 9,27). Das bedeutete aber nicht, daß Paulus fürchtete, seine Errettung zu verlieren. Er war sich seiner Errettung gewiß (2. Tim. 1,12; 4,7.8).

Zusammenfassung

Es geht klar aus der Heiligen Schrift hervor, daß der rettende Glaube bis zum Ende des Lebens besteht, und nicht für einen Augenblick oder Moment. Rettender Glaube unterscheidet sich von oberflächlichem Glauben, von rein vernunftmäßiger Bejahung einer Lehre, von rituellen Gebeten und Erlösungsformeln. Wahrer Glaube wird niemals Christus und Sein Erlösungswerk als die einzige Hoffnung des Menschen ablehnen. Dieser Glaube wird ein rechtschaffenes und kein sündiges Leben zur Folge haben. Nicht der Mensch, der nur *sagt,* daß er Glauben hat, ist gerettet, sondern derjenige, der die Realität des Glaubens in seinem Leben zeigt (Jak. 2,14–24). Wer bekennt, gläubig zu sein, ohne diese Realität in seinem Leben zu zeigen, der kann sich keineswegs seiner „Fahrkarte zum Himmel“ sicher sein. Statt dessen könnte er am Tage des Gerichtes vor dem Angesicht des Herrn stehen und die schrecklichen Worte hören müssen: „Weiche von mir, ich habe dich niemals gekannt!“ Im Gegensatz dazu können die wahren Kinder Gottes sagen: „Der Herr wird mich retten von jedem bösen Werk und mich in sein himmlisches Reich hineinretten“ (2. Tim. 4,18a).

STUDIENFÜHRER ZU LEKTION 5

Ewige Errettung

1. Zählen Sie einige der Dinge auf, von denen Christus uns errettet hat (Matth. 1,21; Röm. 5,8.9; 6,14.17.18; Gal. 3,13; Eph. 2,1–6).

2. Was hat Gott mit unseren Sünden getan (Jes. 1,18; Ps. 103,12)?

   Worauf beruht die Vergebung der Sünden (Eph. 1,7)?

3. Wann und wo wurden unsere Sünden beseitigt (1. Petr. 2,24)?

   Schließt das *alle* unsere Sünden ein oder nur jene, die wir vor unserer Bekehrung begangen haben (Hebr. 9,24–28; 10,10–14)?

4. Was bekommen wir, wenn wir an den Sohn glauben (Joh. 5,24)? Bekommen wir es sofort oder erst, wenn wir sterben? Erklären Sie.

Definieren Sie das Wort „ewig“ und beschreiben Sie seine Grenzen.

5. Wenn wir einmal errettet sind, wie bleiben wir in dieser Errettung bewahrt (Joh. 6,39.40; 1. Petr. 1,4.5; Jud. 24)?

6. Was ist unsere Beziehung als Christen zu Gott (1. Joh. 3,1.2)?

Wie sind wir in diese Beziehung hineingekommen (Joh. 1,12.13)?

Was kann uns von dieser Beziehung zu Gott trennen (Joh. 10,28.29; Röm. 8,35–39)?

7. Wie weist das Werk des Heiligen Geistes im Leben eines Gläubigen darauf hin, daß die Errettung des Gläubigen ewig ist (Joh. 14,16.17; Röm. 8,9b; Eph. 1,13.14; 4,30)?

8. Geben Sie mit Ihren eigenen Worten 2. Timotheus 1,12b wieder.

Was gab Paulus das Vertrauen in bezug auf seine ewige Erlösung (2. Tim. 1,12b; 4,7.8.18)?

9. Was sagt 1. Johannes 5,11–13 aus über die Möglichkeit, Heilsgewißheit zu haben?

10. Wie würden Sie auf folgende Behauptungen reagieren und welche Schriftstellen würden Sie anführen?

„Man kann nicht wissen, ob man gerettet ist, bis man stirbt."

„Ich weiß, mein Leben zeigt es nicht gerade, aber ich weiß, daß ich errettet bin, denn ich habe Christus gebeten, in mein Leben zu kommen, als ich acht Jahre alt war."

„Wenn ich meine Erlösung nicht verlieren kann, dann kann ich ja sündigen, soviel ich will."

„Diese Lehre über die ewige Errettung kann nicht stimmen, denn ich kenne einen Prediger, der mit der Organistin auf und davon ist."

LEKTION 6

Das Leben in der Gemeinde

Es bewegt uns tief, wenn wir in der Heiligen Schrift entdecken, daß der allmächtige Gott sich um jede einzelne Person kümmert und jeden Menschen in Seiner unermeßlichen Schöpfung liebt. Der Psalmist drückt in Psalm 139,13–17 seine Freude darüber aus, daß er schon vor seiner Geburt von Gott innig und persönlich gekannt war. Diese liebende Fürsorge hat Gott veranlaßt, Seinen eingeborenen Sohn zu geben, damit jeder vom Verderben errettet werden könnte (Joh. 3,16). Jeder einzelne muß den Herrn Jesus aufnehmen (Joh. 1,12). Die neue Geburt ist genau so ein einmaliges Ereignis wie die leibliche Geburt (Joh. 3,5). Auch Wachstum und Entwicklung hängen von der persönlichen Beziehung zu Gott ab. Diese Gedanken könnten uns zu der Annahme verleiten, daß jeder Gläubige in den Augen Gottes für sich allein ein ganz individuelles Leben zu führen hat. Aber diese Annahme ist von dem Bild, das wir in der Heiligen Schrift finden, weit entfernt.

Ein Kind Gottes zu sein, bedeutet ein Glied Seiner Familie zu sein (1. Joh. 3,1; Eph. 3,15). Wir sind gemeinsam „das Volk Gottes“ (1. Petr. 2,9.10; Off. 21,3). In Gottes Augen sind wir eine Kolonie des Himmels auf Erden, während wir Bürger eines anderen Königreiches sind (Phil. 3,20). In der Heiligen Schrift werden die Nachfolger Jesu überwiegend in der Mehrzahl angesprochen, wie zum Beispiel in folgenden Ausdrücken: „Gläubige“ (Apg. 5,14), „Jünger“ (Apg. 9,1), „Heilige“ (Eph. 1,1), „Brüder“ (Jak. 2,1), weniger oft wird der Ausdruck „Christen“ verwendet (Apg. 11,26). (Bemerkenswert ist, daß wir in der Heiligen Schrift nie als „Laien“, im Sinne des einfachen, gewöhnlichen Volkes im Gegensatz zu „Geistlichen“, bezeichnet werden.)

Die meisten Briefe im Neuen Testament sind an Gruppen von Gläubigen gerichtet. Wir werden darin als in Gemeinschaft miteinander und mit Christo lebend gesehen (Eph. 2,5.6.21.22). Wir sollen zusammen, nicht als getrennte Teile, funktionieren (1. Kor. 12,12–27). In der Zeit der Apostel tat der Herr zu der Gemeinschaft der Gläubigen täglich diejenigen hinzu, die gerettet werden sollten (Apg. 2,47). Diese Gemeinschaft wurde *ekklesia,* auf deutsch Kirche, Gemeinde oder Versammlung genannt. Es war eine praktisch funktionierende Einheit von Gläubigen am Ort. Der Plan und Wille Gottes für jeden einzelnen Gläubigen ist es, Teil einer solchen Gemeinschaft zu sein.

Definition der Gemeinde

Das Wort „Kirche" birgt viele Gedanken in sich, die weit entfernt von der echten, wahren Bedeutung von *ekklesia* sind. Einige denken dabei an die *Gebäude:* „Die Kirche ist dort drüben an der Ecke." Es wird auch für Gottesdienst oder eine Gesamtheit von Zusammenkünften verwendet: „Wir gehen am Sonntag zur Kirche." Manchmal steht der Ausdruck für einen Ort verschiedener *Aktivitäten:* „Wir waren immer sehr aktiv in der Kirche." Häufig stellt man sich darunter auch eine Institution oder *Organisation* vor. „Wir gehören der römisch-katholischen Kirche an." All diese Meinungen haben sich ohne jeglichen biblischen Hintergrund um das Wort „Kirche" gebildet.

Der erste Teil des Wortes *ek-klesia* bedeutet „heraus", der zweite Teil ist verwandt mit dem Zeitwort „rufen". Es ist also wörtlich eine *herausgerufene Gemeinschaft* oder Versammlung. Das gleiche Wort wird in Apostelgeschichte 19,32.39.41 für eine Volksmenge verwendet, die zusammengerufen wurde, um gegen das Predigen der Apostel zu protestieren. Es war das gebräuchliche Wort für eine Versammlung oder Zusammenkunft von mehreren Personen. Das Wort wurde vom Herrn übernommen und auf das Zusammenrufen oder Herausrufen von Menschen durch Gott zu Sich Selbst angewandt. Er hat *uns aus der Finsternis* zu Seinem wunderbaren Licht *berufen* (1. Petr. 2,9). Wir sind *in das Reich* des Sohnes der Liebe Gottes versetzt worden (Kol. 1,13). *Ekklesia,* so wie es für Gläubige an Christus in der Heiligen Schrift verwendet wird, bezieht sich auf das Volk Gottes, und nicht auf Gebäude, Veranstaltungen, Funktionen oder Organisationen. Aus all diesen Gründen werden wir im folgenden für das Wort *ekklesia* nicht den mit vielen falschen Vorstellungen belasteten Ausdruck „Kirche", sondern das auch in manchen Bibelübersetzungen gebräuchliche Wort „Gemeinde" verwenden.

Zwei Aspekte der Gemeinde

In der Heiligen Schrift finden wir zwei Aspekte der *ekklesia* – die Gesamt- und die örtliche Gemeinde. Die Gesamtgemeinde umfaßt alle Menschen, die seit dem Pfingsten zu Christus gekommen sind, sowohl lebende als auch tote, von jedem Stamm und von jeder Nation. Die Bibel sagt: „Christus hat die Gemeinde geliebt, und hat sich selbst für sie hingegeben" (Eph. 5,25); damit meint sie die Gesamtgemeinde. Das ist ebenso der Fall, wenn von der Gemeinde als von Seinem Leib gesprochen wird (Eph. 1,22.23; 4,4), dessen Haupt Er alleine ist (Eph. 5,23; Kol. 1,18). Es ist offensichtlich, daß all diese Christen nie zusammen an *einem* Ort, oder Teil *einer* irdischen Organisation waren. Als eine göttliche Einheit besteht sie gegenwärtig in den Gedanken Gottes und wird deshalb auch manchmal als „mystisch“ bezeichnet. Das ist die *eine* wahre Gemeinde, gegründet auf die neutestamentlichen Apostel und Propheten, wobei Jesus Christus der Eckstein ist (Eph. 2,20). Der Heilige Geist allein macht uns zu Gliedern, indem er uns mit Christus zu einer Einheit zusammenfügt (1. Kor. 6,17; Eph. 5,30). Dieser Gedanke war ein Geheimnis zur Zeit des Alten Testamentes und der vier Evangelien (Eph. 3,4.5). Juden und Heiden wurden damals noch nicht auf der gleichen Grundlage zusammengebracht (Eph. 2,11–22; 3,6). Die Gemeinde Christi mußte erst gebaut werden (Matth. 16,18). Sie wurde gebildet durch die Taufe des Heiligen Geistes, die an Pfingsten (Apg. 1,5; 2,4) die Gläubigen mit Christus vereinte (1. Kor. 12,13). Die Gemeinde Christi unterscheidet sich von Israel, als der Gemeinde in der Wüste (Apg. 7,38). Heutzutage unterscheidet die Schrift Juden, Nationen und die Gemeinde Gottes (1. Kor. 10,32). Das Volk Israel wird jetzt von Gott als „*nicht* mein Volk“ bezeichnet (Röm. 9,25; Hos. 2,23). Alle im Sinn der Bibel an Christus Gläubigen, und niemand anders, sind jetzt das Volk Gottes.

Die Zugehörigkeit zur Gesamtgemeinde ist keine Entschuldigung, in der örtlichen Gemeinde nicht aktiv zu sein.

Die an Christus glaubten, wurden getauft und zu der örtlichen Gemeinschaft in Jerusalem hinzugetan (Apg. 2,41). Sie waren mit den anderen Gläubigen zusammen und hatten alles gemeinsam (Apg. 2,42–44). Bald entstanden Gemeinden in den umliegenden Gegenden (Apg. 9,31; 15,41; 16,5). Sie verbreiteten sich auch in andere Gebiete wie Asien (1. Kor. 16,19), Mazedonien (2. Kor. 8,1) und Galatien (Gal. 1,2). Sie wurden die „Gemeinden des Christus“ (Röm. 16,16), „die Gemeinden Gottes“ (1. Kor. 11,16) und die „Gemeinden der Heiligen“ (1. Kor. 14,33) genannt. Manchmal wurden sie auch nach der Stadt, in der sie waren, benannt, wie zum Beispiel die Gemeinde zu Korinth (1. Kor. 1,2), oder nach den Bürgern einer Stadt, wie „Gemeinde der Thessalonicher“ (1. Thess. 1,1).

Ungefähr zwei Jahrhunderte lang hatten sie keine öffentlichen Gebäude, um Gottesdienste abzuhalten, sondern trafen sich gewöhnlich in Privathäusern (Röm. 16,5; Kol. 4,15). Sie hatten eine einfache Führungsstruktur aus ihren eigenen Reihen, die man „Aufseher“ und „Diener“ nannte (Phil. 1,1; 1. Tim. 3; Tit. 1), beides in der Mehrzahl. Das Einmannprinzip in der Führung einer Gemeinde war damals nicht üblich. Die Gläubigen wurden aufgefordert, ihre Führer zu respektieren und ihnen zu gehorchen (Hebr. 13,17; 1. Thess. 5,12). Wir sollen nicht nur Christus untertan sein, sondern auch den Führern in der Gemeinde.

Alle Glieder der Gesamtgemeinde sind wahre Gläubige und dasselbe sollte auch für die örtliche Gemeinde zutreffen. Jedoch gerade das ist oft sehr schwierig, weil das äußere Bekenntnis des Glaubens an Christus nicht immer gleichbedeutend mit einer echten Bekehrung ist. Der Herr Jesus lehrte uns, daß Unkraut zusammen mit dem Weizen wächst (Matth. 13,24–30.36–43). Ein Bekenntnis, ohne zugrundeliegende Wirklichkeit, wird an jenem Tage von Ihm verworfen werden, ob der Betreffende nun zu einer örtlichen Gemeinde gehört hat oder nicht (Matth. 7,21–23).

Merkmale der Gemeinde

Man denkt oft in Verbindung mit dem Wort „Gemeinde" an einen großen Saal mit einem Redner oder an eine Organisation mit einer Zentrale und einer Hierarchie von hauptamtlich Tätigen. Die Bibel dagegen lehrt uns völlig andere Begriffe über die Gemeinde.

1. *Einheit* (Eph. 4,3–6). Die Gemeinde ist eins, und es sollte keinerlei Trennung oder Absplitterung geben. Jede Anstrengung sollte unternommen werden, diese Einheit des Geistes zu bewahren (Eph. 4,3). Was die Gemeinschaft der Gläubigen entzweien könnte, muß abgewiesen werden (1. Kor. 1,10; 11,18; 12,25; 2. Kor. 12,20). Das trifft hauptsächlich auf falsche Lehren zu (2. Petr. 2,1). Menschen, die Trennungen verursachen, sollten zuerst zurechtgewiesen, dann abgewiesen werden (Tit. 3,10).

2. *Verschiedenheit* (Eph. 4,7; 1. Kor. 12,11). Jedes Glied soll zum Ganzen beitragen, wenngleich auf verschiedene Art und Weise. Die unterschiedlichen Aufgaben der Gemeindeglieder unterstreicht der Vergleich der Gemeinde mit dem menschlichen Leib (1. Kor. 12,12–27; Röm. 12,4.5). Jeder Gläubige innerhalb der Einheit der Gemeinde ist wie ein Teil des Leibes. Christus ist das Haupt des Leibes. Er teilt die geistlichen Gaben nach Seinem Ermessen aus (1. Kor. 12,13).

   Wenn die Heilige Schrift vom Streben nach bestimmten Gaben spricht, dann bezieht sich das auf die örtliche Gemeinde als Ganzes, indem sie besonderen Wert auf bestimmte Gaben in ihrer Mitte legt (1. Kor. 12,31; 14,1) und nicht auf die persönlichen Ambitionen eines Einzelnen. Wichtig ist, daß jedes Glied eine Gabe und eine ihm zugeordnete Funktion im Leib Christi hat (1. Kor. 12,27). Jedes Glied ist wichtig. Jedes sollte die Möglichkeit haben, seine Gabe einzusetzen. Jedes sollte respektiert werden. Alle haben nicht dieselben Gaben.

3. *Gegenseitige Abhängigkeit* (Eph. 4,11.12; 1. Kor. 12,21–24). Wir alle brauchen einander und sollten nicht alleine, ohne den anderen, wirken. Der Zweck der wichtigsten Gaben liegt darin, andere Gläubige aufzubauen und sie für ihren Dienst zuzurüsten. Sie sollten nicht Zuschauer, Individualisten oder gelähmte Glieder bleiben. Alle Gläubigen sind aufgerufen, in der örtlichen Gemeinde mitzuwirken.

4. *Anbetung* (1. Petr. 2,4.5). Wir haben die äußerst wichtige Aufgabe, unseren Gott zu loben und anzubeten (Joh. 4,23). Diese Aufgabe wird besonders dadurch hervorgehoben, daß die Gemeinde auch Tempel oder Haus Gottes genannt wird (1. Kor. 3,9.16.17; 1.Tim. 3,15; Eph. 2,22). Im Alten Testament hat das Volk Gottes in einem speziell dafür angefertigten Zelt, der Stiftshütte, angebetet, und später dann im Tempel zu Jerusalem. Nach dieser Zeit hat Gott aufgehört, in Tempeln zu wohnen, die mit Händen gemacht sind (Apg. 7,48), ein wichtiger Unterschied zwischen dem Volk Israel und der Gemeinde Christi. Gottes Haus ist jetzt ein geistliches Haus, gebaut aus lebendigen Steinen, d.h. vom Geist bewohnten Gläubigen. Unsere Opfer sind keine Tieropfer mehr. Sie bestehen aus hingegebenen Menschen, materiellen Gaben und persönlichem Lobpreis. Alle Gläubigen in Christus sind Priester, nicht nur der „Klerus“, ein Wort, das vom griechischen Wort für „Los, Anteil, Erbteil“ abgeleitet ist (1. Petr. 2,5.9). Die Hauptaufgabe der Gemeinde Gottes ist die Anbetung, bestehend aus dem Lobpreis Gottes, und nicht einfach aus dem Hören einer Predigt oder aus dem gemeinsamen Nachsprechen von Sätzen aus einem Buch.

5. *Innige Beziehung* (Eph. 5,23–27; 2. Kor. 11,2). Diese wird besonders durch den Vergleich der Gemeinde mit der Braut betont. Das gesamte Volk Gottes seit Pfingsten wird gemeinschaftlich einer schönen Frau verglichen, die mit einem herrlichen Bräutigam, dem Herrn Jesus Christus, verlobt ist. Er liebt Seine Braut mit einer grenzenlosen Liebe und möchte, daß sie in Reinheit zu Ihm gebracht wird. Im Gegensatz dazu gleicht das Volk Israel einer geschiedenen Frau (Jes. 50,1). Die Gemeinde muß sehen, daß sie eine innige und liebevolle Gemeinschaft mit dem Herrn Jesus hat, und daß sie eine zentrale Rolle in Seinen gegenwärtigen und zukünftigen Ratschlüssen spielt. Er hat für Seine Braut nur Gutes im Sinn. Die Gemeinde muß ihre Augen immer auf den Bräutigam gerichtet haben.

6. *Andere Eigenschaften* können noch erwähnt werden. Zum Beispiel: Wachstum, nicht Stillstand und Zerfall (Apg. 6,1–7; 12,24; 19,20). Da ist Leben, nicht Leblosigkeit. Da ist Heiligkeit, nicht Verderbtheit (1. Kor. 3,17; 1. Petr. 1,15.16). Da ist Klarheit und Reinheit in der Lehre, kein Abfall (1. Tim. 1,3.10; Tit. 1,9.10; 2. Petr. 2,1–3; Off. 2;13.14.20). Die Verkündigung von Liebe, Leben und Licht, durch welche wir Christus offenbaren, muß von einer wirklich biblischen örtlichen Gemeinde richtig ausstrahlen.

Die Funktion der Gemeinde

Welche Aufgabe hat die Gemeinde an einem Ort? Auf jeden Fall muß sie den sogenannten Missionsauftrag ernst nehmen (Matth. 28,19.20). Das bedeutet, das Evangelium überall zu predigen (evangelisieren) und Jünger zu machen. Das Muster dazu sehen wir in Apostelgeschichte 2,40–42. Die Menschen hörten das verkündigte Evangelium, sie glaubten, wurden getauft und traten ins aktive Gemeindeleben ein. Dieses Gemeindeleben umfaßte vier Merkmale: Die Lehre der Apostel, die Gemeinschaft, das Brechen des Brotes und das Gebet. Wir würden das so ausdrücken: gut fundierte biblische Lehre, das Zusammenkommen mit anderen Gläubigen zum Gottesdienst, das Gedächtnis an den Herrn beim Feiern des Abendmahls und das gemeinsame Gebet mit den anderen Gläubigen. Warum ist das Brotbrechen oder Abendmahl in diesem Text enthalten? Es ist offensichtlich, daß es bei den ersten Gemeinden im Mittelpunkt stand (Apg. 20,7; 1. Kor. 11,23–33). Dieses Beispiel deutet aber nicht darauf hin, daß Gott an einer bestimmten äußeren Form ohne geistliches Leben interessiert ist. Die religiösen Sitten und Gebräuche der Juden in der Heiligen Schrift wurden von Gott gerade deshalb verworfen, weil sie jegliches wahrhafte Leben und die innere Bedeutung verloren hatten.

Die Urgemeinde hat Menschen aus den toten Religionen der damaligen Zeit durch tätige Liebe (Apg. 2,45) und freimütige Verkündigung des Wortes Gottes herausgewonnen (Apg. 4,13.29.31). Als die Gläubigen durch die starke Verfolgung zerstreut wurden, wurde der Glaube durch ihr dynamisches Leben und Zeugnis weiter verbreitet. Das heißt nicht, daß bei ihnen nicht auch Unzulänglichkeiten vorhanden waren. Manchmal wurden sie zurechtgewiesen, weil sie fleischlich waren oder nach menschlichen Motiven handelten (1. Kor. 3,1–4). Einige wurden aufgefordert, ihr Leben zu überprüfen, ob sie auch wirklich Christen seien (2. Kor. 13,5). Manche wurden wegen falscher Lehre zurechtgewiesen (Gal. 1,6–9; 3,1–3). Als Christus das Wort an die einzelnen

Gemeinden richtete, befahl und kritisierte er (Off. 2–3). Dennoch breiteten sich die Gemeinden in der gesamten zivilisierten Welt aus und der christliche Glaube wurde dominierend. Was immer auch ihre Mängel sein mochten, so war doch Leben in den Gemeinden. Mehr noch, Gott brachte Seinen Plan Stück für Stück zur Ausführung.

Die Zukunft der Gemeinde

Die herrliche Zukunft der Gemeinde Christi ist die Entrückung zur Begegnung mit dem Herrn in den Wolken bei Seiner Wiederkunft (1. Thess. 4,16.17). Dann werden unsere Leiber verwandelt werden (1. Kor. 15,51–54). Wir werden bei Ihm sein und Ihm gleich sein (1. Joh. 3,2.3). Wir werden ohne Flecken oder Runzel oder etwas dergleichen sein (Eph. 5,27). Die Gemeinde wird in den zukünftigen Zeiten immer als Anschauungsunterricht für die Gnade Gottes gegenüber armseligen Geschöpfen dienen, die Er zu solch erhabenen Höhen der Herrlichkeit erhoben hat (Eph. 2,7).

Das Leben in der Gemeinde

1. Im Neuen Testament wird der Ausdruck „Gemeinde“ sowohl für die Gesamtgemeinde verwendet, die weltweit und durch die Geschichte hindurch alle Christen einschließt, als auch für die örtliche Gemeinde, die die Christen an einem bestimmten geographischen Ort bezeichnet. Welche der folgenden Stellen bezieht sich auf die Gesamtgemeinde und welche auf die örtliche Gemeinde?

   1. Korinther 10,32

   Galater 1,1.2

   Epheser 5,25

   Kolosser 1,18

   1. Thessalonicher 1,1

2. Beschreiben Sie die Gesamtgemeinde und ihre Glieder (Eph. 1,22.23; 4,15.16).

3. Geben Sie mit ihren eigenen Worten den Vers aus Apostelgeschichte 2,42 wieder.

Welche Hauptaufgaben einer örtlichen Gemeinde gehen aus diesem Vers und aus Matthäus 28,19.20 hervor?

4. Was ist der Sinn und Zweck christlicher Gemeinschaft (Spr. 27,17; Pred. 4,9.10; Hebr. 10,24.25)?

5. Was würden Sie jemandem antworten, der zu Ihnen sagt: „Ich brauche nicht unbedingt zur Gemeinde zu gehen, ich kann Gott genauso gut in meinem Wohnzimmer oder mit meiner Familie im Wochenendhaus am See anbeten"?

6. Welche geistlichen Führer hat Gott in der örtlichen Gemeinde (Phil. 1,1) und welche Charaktereigenschaften müssen sie besitzen (1. Tim. 3,1–13)?

Welche Verantwortung haben die Führer einer örtlichen Gemeinde (Hebr. 13,17; 1. Petr. 5,1–5)?

7. Welche Verantwortung hat der einzelne Gläubige gegenüber den Führern in seiner örtlichen Gemeinde (Hebr. 13,7.17; 1.Petr. 5,5)?

In welcher Weise befolgen Sie diese biblischen Gebote?

8. Welche persönliche Funktion hat der einzelne Gläubige in der Gemeinde (1. Kor. 12,12–17)?

Warum hat Gott einem jeden Gläubigen geistliche Gaben gegeben (Eph. 4,11–16)?

Welche Einstellung sollten Sie in Ihrer örtlichen Gemeinde an den Tag legen (Eph. 4,2.3; Joh. 13,34–35)?

9. Wann hört ein Mensch Ihrer Meinung nach auf, nur Besucher und Konsument zu sein und fängt an, ein funktionierendes Glied der Gemeinde zu werden? Zu welcher Gruppe gehören Sie? Erklären Sie, warum.

10. Wenn Sie in eine andere Stadt übersiedeln würden, nach welchen Richtlinien würden Sie eine örtliche Gemeinde suchen? Welche Bibelstellen würden Sie zur Entscheidung heranziehen?

LEKTION 7

Versuchungen überwinden

Eine alltägliche Erfahrung des Menschen im moralischen Bereich ist die Wahrnehmung eines starken Zuges oder Dranges, das zu tun, was nicht recht ist, obwohl er es weiß. Manchmal können wir erfolgreich widerstehen, ein anderesmal geben wir nach. Diesen Drang, Unrecht zu tun, nennt man „Versuchung". Unsere Fähigkeit, die Versuchung zu erkennen und ihr durch die Kraft Gottes erfolgreich zu widerstehen, hat einen entscheidenden Einfluß auf den Fortschritt im Glaubensleben. Es bedeutet entweder ein Leben im Sieg oder in der Niederlage.

Die Bedeutung des Wortes „Versuchung"

In der Bibel hat das Wort „Versuchung" mehrere Bedeutungen.

1. *Prüfung* oder Erprobung des Menschen durch Gott auf dem Gebiet des Glaubens ist eine Bedeutung (1. Mo. 22,1; 2. Mo. 15,25; 16,4). Die Prüfung des Glaubens kann oft sehr direkt sein, wie zum Beispiel das Gebot Gottes an Abraham, seinen Sohn Isaak zu opfern. Sie kann aber auch indirekt sein, zum Beispiel Schwierigkeiten und Verfolgung im Leben (Jak. 1,2.3; 1. Petr. 1,6; 4,12). Diese Prüfungen dienen nicht dazu, um Gott über unser persönliches Leben Aufschluß zu geben, sondern vielmehr dazu, die Echtheit unseres Glaubens zu beweisen.

2. *Herausforderung* oder Provokation Gottes durch den Menschen ist eine negative Bedeutung dieses Wortes (2. Mo. 17,7; Apg. 15,10; 1. Kor. 10,9; Hebr. 3,8). Man versucht Gott, indem man Seine Liebe oder Seine Allmacht anzweifelt, indem man Ihn durch unbiblische Handlungen zum Eingreifen zwingen will, oder durch die Vermessenheit, Seine Gnade durch fortwährende Rebellion herauszufordern. Solche Handlungen können den Zorn Gottes hervorrufen (Ps. 106,29; Jes. 5,25).

3. *Die Verlockung* oder der Reiz, das zu tun, was in den Augen Gottes Unrecht ist, ist die meist verbreitete Bedeutung für das Wort „Versuchung" (Jak. 1,14; Gal. 6,1; 1. Tim. 6,9; 1. Thess. 3,5). Das ist auch der Inhalt dieser Lektion. Gott versucht den Menschen niemals direkt auf diese Art und Weise (Jak. 1,13), aber Satan hat die Möglichkeit, es zu tun. Manchmal gestattet Er dem Teufel, Gläubige auf die Probe

zu stellen oder sogar zu quälen (Hiob 1,12; 2,3–6).

Wenn der Psalmist ausruft, „prüfe mich und erkenne meine Gedanken", dann weist das auf die *erste* Bedeutung hin (Ps. 139,23). Die Aufforderung an den Herrn Jesus, sich von der Zinne des Tempels hinunterzustürzen und sich dann von Engeln retten zu lassen, bedeutete, Gott zu versuchen und fällt unter den *zweiten* Punkt. Das sogenannte „Vaterunser" enthält den Satz, „Führe uns nicht in Versuchung" (Matth. 6,13), und dann die Worte, „sondern errette uns von dem Bösen". Daraus wird uns klar, daß damit der *dritte* Punkt gemeint ist. Die einzelnen Bedeutungen des Wortes „Versuchung" müssen sorgfältig auseinandergehalten werden. Es ist ermutigend, in Gottes Wort zu lesen: „Keine Versuchung hat euch ergriffen als nur eine menschliche; Gott aber ist treu, der nicht zulassen wird, daß ihr über euer Vermögen versucht werdet, sondern mit der Versuchung auch den Ausgang schaffen wird, so daß ihr sie ertragen könnt" (1. Kor. 10,13). Gott gebraucht Versuchung für Seine eigenen Absichten und zum Wohle des Menschen. Durch sie macht Er Glauben und Rechtschaffenheit offenbar, entwickelt Er bestimmte Charakterzüge, wie zum Beispiel Geduld, und oft werden dadurch die Feinde Gottes zum Schweigen gebracht.

Drei Quellen der Verführung

Aus drei verschiedenen Richtungen kommt der Angriff an den Menschen heran. Es ist wichtig, sie nicht zu verwechseln oder ein Gebiet, auf dem man besonders leicht verwundbar ist, nicht zu übersehen.

1. *Der Teufel* ist ein personhafter, aktiver Vertreter allen Übels, ständig darauf aus, den Menschen vom Weg der Nachfolge Gottes abzubringen und zu verführen. Er wird der Versucher genannt (Matth. 4,3; 1. Thess. 3,5). Das Wort „Teufel" bedeutet „Verleumder" oder „Ankläger". Er verleumdet Gott bei den Menschen (1. Mo. 3,5) und den Menschen bei Gott (Off. 12,10). Das Wort „Satan" bedeutet „Feind" und „Widersacher", weil er der Feind Gottes und der Feind des Menschen ist (1. Petr. 5,8). Den Ursprung dieses Bösen finden wir in Hesekiel 28,12–19 und in Jesaja 14,12–14 angedeutet. Die Taktik des Teufels ist es, das Wort Gottes in Frage zu stellen oder anzuzweifeln (1. Mo. 3,1); den Menschen körperlich und geistig zu unterdrücken, zu tyrannisieren (Apg. 10,38); und überall hinterläßt er eine Spur der Zerstörung und Verwüstung, deshalb ist auch der Name „Apollyon" oder „Abaddon", das bedeutet „Zerstörer", gerechtfertigt (Off. 9,11). Diese totbringende Tätigkeit kann den Menschen

so sehr beeinflussen, daß dadurch seine Seele für ewig verloren gehen kann. Der Teufel ist der Mörder von Seelen (Joh. 8,44).

2. *Die Welt* ist das verlockende System von Wertvorstellungen, Moralbegriffen und ungöttlichem Einfluß, das diejenigen, die nicht auf der Hut sind, von Gott weg in seinen Bann zieht. Dieses Wort sollte nicht verwechselt werden mit dem gleichen Wort „Welt", das manchmal für den Planeten „Erde" oder seine Bewohner verwendet wird. Satan ist der Oberste und Führer dieses bösen Weltsystems (Joh. 12,31; Eph. 2,2). Dieses System wird von ihm getragen wie ein Baby in den Armen seiner Mutter (1. Joh. 5,19). Die Freundschaft mit der Welt bedeutet darum Feindschaft mit Gott (Jak. 4,4). Die Gläubigen leben zwar in ihr (Joh. 13,1; Tit. 2,12), sind aber nicht von ihr im Sinne persönlicher Teilnahme oder Gleichförmigkeit (Joh. 15,19; Joh. 17,14.17; Gal. 1,4). Von denen, die von neuem geboren sind, wird gesagt, daß sie die Welt überwunden haben (1. Joh. 5,4).

3. *Das Fleisch.* Dieser Begriff hat in der Bibel drei verschiedene Bedeutungen. Es bezieht sich auf den Menschen im allgemeinen (Apg. 2,17), auf den menschlichen Leib (Joh. 1,14; 3,6; 6,51) und auf die sinnlichen Lüste und Begierden, die über die Grenzen, die Gott gesetzt hat, hinausgehen (Gal. 5,16.24; Röm. 13,14; Jak. 1,14; Eph. 2,3). Um den dritten Punkt geht es hier hauptsächlich. Natürliches Begehren oder Verlangen geht über die gesunden, ordnungsgemäßen Grenzen hinaus, wenn das Fleisch die Kontrolle übernimmt. Zum Beispiel wird Geschlechtsverkehr, innerhalb der Ehe vollkommen legitim, außerhalb dieses Bereiches zur Unzucht. Essen, um den natürlichen Bedarf des Leibes zu decken, wird zu Fraß und Völlerei, wenn wir leben, um zu essen, bis wir dick und fett sind. Die Werke des Fleisches werden folgendermaßen beschrieben: „Unzucht, Unreinheit, Ausschweifung, Götzendienst, Zauberei, Feindschaft, Hader, Eifersucht, Zornausbrüche, Streitereien, Zwistigkeiten, Parteiungen, Neidereien, Trinkgelage, Völlereien und dergleichen" (Gal. 5,19–21). Andauernde Verwicklung in solche Dinge ist ein typisches Zeichen derer, die das Reich Gottes nicht erben werden (Gal. 5,21).

Die zwei Naturen – das Fleisch gegen den Geist

Der an Christus Gläubige ist sich des persönlichen, oft sehr intensiven Kampfes zwischen dem Verlangen, das Richtige zu tun, und der Versuchung, das Unrecht zu tun, vollkommen bewußt. „Denn das Fleisch begehrt gegen den Geist auf, der Geist aber gegen das Fleisch; denn diese sind einander entgegengesetzt, damit ihr nicht das tut, was ihr wollt" (Gal. 5,17). Der Gläubige ist errettet, aber nicht seine fleischliche Natur. Sie wurde durch die neue Geburt nicht verändert. Unter „Natur" versteht man die Neigung, Veranlagung und Fähigkeit, bestimmte Dinge zu tun. Die alte Natur hat den Hang zum Sündigen, wie der Hund zum Bellen; das ist die Veranlagung des Menschen von Geburt an. Wir haben sie von Adam ererbt (Röm. 5,12). Der Mensch gibt sich von Natur aus den Lüsten und Verlangen des Fleisches und seines Denkens hin (Eph. 2,3). Manchmal wird diese Natur auch „der alte Mensch" (Eph. 4,22; Kol. 3,9) oder die „Gesinnung des Fleisches" (Röm. 8,7) genannt. Diese Natur ist eine Quelle des Bösen (Mark. 7,21–23). Sie ist geprägt durch Ungerechtigkeit und Sünde (Ps. 51,7). Sie ist Gott feindlich gesinnt und kann Ihm nicht gefallen (Röm. 8,7.8). Von ihr kommt nichts Gutes (Röm. 7,18).

Durch unsere neue Geburt empfangen wir eine neue Natur, keine Verbesserung unserer alten Natur (2. Petr. 1,4). Wir sind eine „neue Schöpfung" (2. Kor. 5,17) und ein „neuer Mensch" (Eph. 4,24). Es ist ein göttlicher Same in uns, der nicht sündigen kann, denn er ist von Gott (1. Joh. 3,9). Da die alte Natur weder beseitigt noch erneuert wurde, ist es verständlich, daß die beiden Naturen gegeneinander streiten, wie es in Römer 7,15–23 beschrieben wird. Es ist wichtig, daß die neue Natur die Herrschaft über die alte Natur gewinnt. Um das zu erreichen, müssen wir Kraft von Gott schöpfen, um die neue Natur in jeder Weise zu stärken und die alte verkümmern lassen (Röm. 13,13.14). Der Apostel Paulus spricht davon, daß er seinen Leib zerschlägt, um nicht verwerflich (oder unbewährt) zuwerden (1. Kor. 9,27). Das ist eine Umschreibung für Selbstdisziplin.

Zwei Beispiele für Verführung

Die Versuchung des ersten Menschen ist ein Fall, an dem die drei Arten des Angriffes durch den Feind ersichtlich werden (1. Joh. 2,16). Als der Versucher Eva die verbotene Frucht zeigte (1. Mo. 3,6), sah sie, daß sie gut zur Speise wäre (die Lust des Fleisches), eine Lust für die Augen (die Lust der Augen oder der Welt), und begehrenswert, um Einsicht zu geben (der Hochmut des Lebens oder die Sünde des Teufels).

Die Versuchungen des Herrn Jesus nahmen einen ähnlichen Verlauf. Zuerst wurde Er versucht, als Er hungrig war; Er sollte aus Steinen Brot machen, eine Herausforderung an das *Fleisch* (Matth. 4,3), dann wurde Er aufgefordert, sich von der Zinne des Tempels zu stürzen, daß Er von

Seinen Engeln errettet würde, eine Herausforderung des *Hochmutes des Lebens* (Matth. 4,5.6). Und schließlich wurden Ihm alle Herrlichkeiten dieser *Welt* als Belohnung angeboten, wenn Er nur den Teufel anbeten würde (Matth. 4,8).

Sieg über die Verführung – was Gott getan hat

Keine Versuchung wird an den Menschen herangetragen, die nicht Jesus Christus schon überwunden hätte, um uns so zum Sieg zu verhelfen.

1. *Der Sieg über den Teufel* wurde durch den Herrn Jesus Christus am Kreuz vollbracht (Joh. 12,31; 16,11). Satans Macht über die Gläubigen wurde gebrochen (Kol. 2,15; Hebr. 2,14). Es wird uns nirgendwo gesagt, daß wir den Teufel fürchten sollen. Vielmehr wird uns gesagt, daß wir ihm widerstehen sollen, dann flieht er (Jak. 4,7). Er würde das bestimmt nicht tun, hätte er noch immer Macht über den Gläubigen. Wir werden allerdings gewarnt, daß wir ihm nicht die geringste Chance geben dürfen, denn diese würde er sofort zu nützen wissen (Eph. 4,27). Obwohl er den Gläubigen versuchen, betrügen und angreifen kann, kann dieser ihm durch die Kraft Gottes und um des Blutes des Herrn Jesus Christus willen widerstehen (Off. 12,10.11).

2. *Der Sieg über die Welt* wurde ebenfalls durch den Herrn Jesus vollbracht. Er sagte: „Seid guten Mutes, ich habe die Welt überwunden" (Joh. 16,33). Er hat sie völlig verurteilt (Joh. 12,31; 1. Kor. 11,32). Deshalb müssen wir uns auch moralisch von ihr absondern (2. Kor. 6,14–17). Das bedeutet nicht, daß wir uns von den Ungläubigen isolieren sollen (Matth. 11,19), sondern daß wir uns von Verunreinigung, Kompromissen und ungleichen Verbindungen fernhalten sollten. Wir sollten nicht die Welt lieb haben (1. Joh. 2,15). Unser Glaube hat die Welt überwunden (1. Joh. 5,4).

3. *Der Sieg über das Fleisch* wurde vollbracht, als der Herr Jesus am Kreuz seine Macht zerbrach (Röm. 6,6). Dort verurteilte Er die Sünde im Fleisch (Röm. 8,3). Wir waren einst Sklaven der Sünde, aber sind jetzt frei (Röm. 6,20–22). In bezug auf die Sünde bewirkt Christus im Leben des Gläubigen „doppelte Heilung": Er erlöst uns sowohl von der Schuld als auch von der Macht der Sünde. Wir sind keine hilflosen Opfer von unwiderstehlichen Lüsten und Begierden. Wir haben durch Gott die Kraft, fleischlichen Lüsten, die uns zur Sünde verleiten möchten, zu widerstehen.

Sieg über die Verführung – was wir tun müssen

Die durch unseren Herrn Jesus Christus gegebene Grundlage für den Sieg verlangt immer auch *persönliche Inanspruchnahme.* Der Widersacher wird nicht aufhören, uns anzugreifen. Aus jeder Versuchung gibt es einen Ausweg (1. Kor. 10,13). Weil das Fleisch schwach ist, ist es immer gut, in Zeiten der Versuchung zu beten (Matth. 26,41). Wir müssen die Kraft des Heiligen Geistes in Anspruch nehmen, um die Versuchung zu überwinden. Wir müssen weise Entscheidungen treffen, um bestimmten Versuchungen aus dem Weg zu gehen (1. Kor. 7,5; Röm. 13,14). Selbstvertrauen auf das eigene Fleisch ist eine gefährliche Einstellung und sollte vermieden werden (Phil. 3,3). Die Heilige Schrift zeigt uns den Weg des Sieges.

1. „*Haltet* euch der Sünde für tot, Gott aber lebend in Christus Jesus" (Röm. 6,11). Wir müssen die bewußte Einstellung haben, daß wir mit Christus, unserem großen Stellvertreter, am Kreuz gestorben sind, und daß alles, was mit dem alten Leben zu tun hatte, dort mit Ihm gestorben ist (Kol. 3,3). Ein Toter wird nicht von der Sünde angezogen.

2. *Übergebt* oder „stellt euch Gott zur Verfügung als Lebende aus den Toten und eure Glieder Gott zu Werkzeugen der Gerechtigkeit" (Röm. 6,13). Wir werden aufgefordert, unsere Leiber als lebendige Opfer Gott darzustellen (Röm. 12,1). Der Strom des Heiligen Geistes kann dann durch ein geordnetes Leben fließen (Joh. 7,38.39). „Wandelt im Geist, so werdet ihr die Lüste des Fleisches nicht erfüllen" (Gal. 5,16).

3. „*Widerstehet* dem Teufel"; dazu sind wir aufgefordert (Jak. 4,7). Wir müssen beten und das Wort Gottes gebrauchen (Matth. 4,1–11). Der aktive, geistliche Kampf, der unseren ganzen Einsatz verlangt, ist genauso ein Teil des siegreichen Lebens in Christus wie das Ruhen in dem Sieg des Herrn Jesus über unsere Feinde und die Inanspruchnahme Seiner Kraft. Sowohl die aktiven als auch die passiven Maßnahmen sollten in gleicher Weise angewandt werden.

Und wenn wir versagt haben

1. *Nehmen Sie die Hilfe des Herrn Jesus in Anspruch.* Ein Christ wird wahrscheinlich *weniger sündigen*, ist aber nicht *sündlos.* Deshalb sagt uns die Heilige Schrift: „Und wenn jemand sündigt – wir haben einen Sach-

walter beim Vater, Jesus Christus, den Gerechten" (1. Joh. 2,1). Der nächste Vers berichtet uns, daß der Herr Jesus die Schuldfrage *aller unserer Sünden*, der vergangenen, der gegenwärtigen und der zukünftigen, ein für allemal am Kreuz von Golgatha gelöst hat. Jetzt ist der Herr Jesus unser Sachwalter, Anwalt und Beistand vor dem Vater, um für uns einzustehen, wenn wir sündigen.

2. *Bekennen Sie Gott.* Unsere Gemeinschaft mit Gott ist wiederhergestellt, wenn wir unsere Sünden bekennen (1. Joh. 1,9). Das Wort „bekennen" bedeutet „dasselbe sagen" oder „mit jemand übereinstimmen". Wenn wir eine Sünde bekennen, dann stimmen wir mit Gott überein, daß falsch war, was wir getan haben. Es genügt nicht, daß wir zustimmen, daß wir gesündigt haben, wir müssen schon die Sünde, die wir getan haben, beim Namen nennen.

3. *Nehmen Sie die Vergebung Gottes in Anspruch.* Nehmen Sie Gottes vollkommene Vergebung und Reinigung an. Wenn man eine Sünde bekennt und läßt, Gottes Vergebung aber nicht annimmt, macht man Ihn zum Lügner, denn Er hat uns die Vergebung unter diesen Voraussetzungen versprochen. Sich fortwährend mit vergangenen Sünden zu beschäftigen, kann Anlaß für zukünftiges Straucheln in unserem christlichen Leben sein.

Zusammenfassung

Versuchung ist etwas alltägliches im Leben eines jeden Christen. Er wird mit dem berüchtigten Trio, dem Teufel, der Welt und dem Fleisch konfrontiert. Ungeachtet dessen hat uns der Herr Jesus aus der Finsternis herausgerufen, um im Licht zu wandeln, im Sieg zu leben, vielfältig Frucht zu bringen und der Welt unser verändertes Leben zu beweisen. Christus hat dies durch den Sieg über unsere Feinde am Kreuz von Golgatha ermöglicht, und wurde der Anführer unserer Errettung (Hebr. 2,10). Als unser Anführer möchte Er uns siegreich leiten und führen und durch uns soll „der Geruch seiner Erkenntnis an jedem Ort" offenbar werden (2. Kor. 2,14). Über dies hinaus hat uns Christus vier unschätzbare Hilfen zur Seite gestellt, um für die enorme Herausforderung dieses geistlichen Kampfes gewappnet zu sein: den Heiligen Geist, der in uns wohnt (Röm. 8,9.11), Christus selbst, der sich im Himmel für uns verwendet (Hebr. 7,25), das Wort Gottes, das uns speist und für uns kämpft (Eph. 6,17), und das Gebet, welches uns den Weg zu Gott öffnet (Hebr. 4,16).

Wenngleich wir einen so großen Anführer und so gewaltige Hilfen zur Seite haben, müssen wir, um Sieg im geistlichen Leben zu haben, der Wahrheit folgen und ihr gehorchen. Sieg kommt nicht aus dem reinen Wissen über die Aussagen der Bibel. Er hat seine Wurzeln auch nicht in subjektiven, geistlichen Erfahrungen, die getrennt vom richtungsweisenden Wort Gottes gemacht werden. Jesus „Herr" nennen und sich nicht verantwortlich fühlen, das zu tun was Er sagt, ist ein falsches Glaubensbekenntnis und Heuchelei (Luk. 6,46). Gehorsam ist der Beweis geistlicher Echtheit (1. Joh. 2,3.4), der Beweis für unsere Liebe zu Ihm (Joh. 14,15–21) und der Weg zu geistlichem Wachstum.

STUDIENFÜHRER ZU LEKTION 7

Versuchungen überwinden

1. Unterscheiden Sie Ursprung, Charakter und Zweck von Prüfungen (Jak. 1,2–12) von Ursprung, Charakter und Zweck von Versuchungen (Jak. 1,13–15).

2. Stellen Sie den Ursprung der Versuchung in den folgenden Versen fest und beschreiben Sie ihre bezeichnenden Merkmale.

   Epheser 6,11.12; 1. Petrus 5,8

   Römer 12,2; 2. Timotheus 4,10; 1. Johannes 2,15.16

   Markus 7,21–23

3. Was ist die letztliche Grundlage für unseren Sieg über die Versuchung (Joh. 12,31–33; Röm. 6,6)?

4. Zwei bekannte Abschnitte in der Heiligen Schrift über Versuchung sind 1. Mose 3,1–6 und Josua 7,20.21. Wo hört Ihrer Meinung nach die Versuchung auf und fängt die Sünde an? Stellen Sie fest, wie in beiden Fällen die Entwicklung vor sich geht.

5. Vergleichen Sie 1. Mose 3,1–6 mit Matthäus 4,1–11. Welche Parallelen und welche Unterschiede können Sie bezüglich der Versuchung und ihres Ausgangs feststellen?

6. Geben Sie mit eigenen Worten 1. Korinther 10,13 wieder.

Was lernen Sie aus diesem Vers über Grenzen und Hilfen? Wie stehen Sie Versuchungen gegenüber, die unerträglich groß scheinen?

7. Lesen Sie Römer 6. *Muß* ein Christ *sündigen?* Was haben Sie für eine Verantwortung?

8. Welche Maßnahmen können Sie ergreifen, um Versuchung zu überwinden?

   Psalm 119,9–11

   Matthäus 26,41

   2. Timotheus 2,22

   Jakobus 4,7

9. Welches Beispiel würden Sie für „Vorsorge für das Fleisch treiben" (Röm. 13,13.14) anführen?

Welchen Grundsatz finden Sie in Apostelgeschichte 19,19? Wie haben Sie diesen Grundsatz in Ihrem eigenen Leben angewandt? Was war das Ergebnis der damals von den Gläubigen unternommenen Aktion (Apg. 19,20)?

10. Was sollten wir tun, wenn wir versagen (1. Joh. 1,9)? Was ist in dieser Handlung miteingeschlossen (Ps. 32,1–5)?

Ist diese Maßnahme ein Freibrief zum Sündigen (Röm. 6,1.2)?

LEKTION 8

Verabredung mit Gott

„Wie eine Hirschkuh lechzt nach Wasserbächen, so lechzt meine Seele nach dir, o Gott! Meine Seele dürstet nach Gott, nach dem lebendigen Gott“ (Ps. 42,1.2). „Gott, mein Gott bist du; nach dir suche ich. Es dürstet nach dir meine Seele“ (Ps. 63,1). Hunger nach Gott und Verlangen nach Gemeinschaft mit Ihm war der bewegende Ausruf des Psalmisten in seiner Hingabe an den Heiligen. Welche Gemeinschaft könnte so wunderbar sein, wie die mit dem Herrn des Lebens und der Herrlichkeit? Welch größeres Vorrecht könnten wir haben als eine göttliche Begegnung – Zeit mit Gott? Es ist bekannt, daß man mit einer Person, die man liebt, viel Zeit verbringen möchte. Und wir, die wir behaupten, den Herrn zu lieben, können es uns nicht leisten, ohne stille Zeit mit Ihm auszukommen. Die Hektik unseres Alltags mit all seinen Verpflichtungen setzt uns erbarmungslos unter Druck. Wir werden von unserer Geschäftigkeit verzehrt und versäumen es, unseren Reichtum in Christus in Anspruch zu nehmen. Unser Leben als Christ verlangt nach einer Verabredung mit Gott, die wirklich ernst genommen und nicht ohne weiteres versäumt werden soll. Wenn wir eine Zeit festgelegt haben, wird Er auf uns warten.

Zeit und Ort

1. *Wann sollten wir mit Ihm Gemeinschaft haben?* Er ist zu jeder Zeit der Not nahe (Ps. 20,2; 46,1). Es gibt keine Zeit, in der wir unseren Vater nicht anrufen könnten. Jedoch haben sich ernsthafte Nachfolger immer an bestimmte, regelmäßige Zeiten gehalten. Diese können so häufig wie morgens, mittags und abends sein (Ps. 55,17; Dan. 6,11), manchmal sogar um Mitternacht (Ps. 119,62). Jedoch sind wir während des Tages oft zu sehr beschäftigt und am Abend werden wir von Müdigkeit befallen.

   Die beste Vorbereitung für einen Tag ist, daß wir das Angesicht Gottes gesehen haben, bevor wir den Gesichtern der Menschen begegnen. Viele Gottesmänner suchten Ihn frühmorgens auf: „Herr, in der Frühe wirst du meine Stimme hören. In der Frühe rüste ich dir ein Opfer zu und spähe“ (Ps. 5,4). „Er weckt jeden Morgen, er weckt mir das Ohr, damit ich höre gleich solchen, die belehrt werden“ (Jes. 50,4b). „Der Morgendämmerung bin ich zuvor gekommen und habe um Hilfe gerufen" (Ps. 119,147). Der Herr hat die Kinder Israels aufgefordert, das Manna, das himmlische Brot, das sie für den Tag stärken sollte, in der Frühe zu sammeln (2. Mo. 16,21). Der beste Anfang, der gemacht werden kann, ist der Anfang mit Gott.

2. *Wo sollen wir Gott begegnen?* Gott können wir überall begegnen. Unsere Aufgabe ist es, einen Ort zu finden, wo wir Ihm ohne unterbrochen zu werden und ohne Ablenkung begegnen können. So tat es auch der Herr Jesus, als Er auf der Erde lebte: „Und frühmorgens, als es noch sehr dunkel war, stand er auf und ging hinaus und ging fort an einen einsamen Ort und betete dort" (Mark. 1,35). Der Herr betete oft allein auf Bergen (Matth. 14,23). Für uns mag eine Ecke in der Küche oder in einem anderen Raum wohl den gleichen Zweck erfüllen wie ein Berggipfel. Das wichtigste ist, allein mit Gott zu sein, um auf Ihn horchen zu können.

Zweck der Begegnung

Was sollen wir suchen? Zuallererst wollen wir Ihn suchen. Die Gemeinschaft mit Gott dient in erster Linie dem Vertiefen unserer Wurzeln in Ihm und nicht dem Durchführen von Studienprojekten. Es sollte im Idealfall einerseits eine Zeit der Dankbarkeit, Gemeinschaft und der Freude und andererseits eine Zeit der Belehrung sein. Sie kann uns stärken, indem sie uns erhabene Gedanken über Gott vermittelt. Sie kann uns Führung schenken und uns Gottes Willen für unser Leben zeigen. Es ist gut, im Gebet zu verharren, und nicht aufzugeben, bevor wir eine echte Begegnung mit dem Herrn gehabt und Seinen Segen erfahren haben (1. Mo. 32,26). Was immer wir sonst für Gott und für andere tun mögen, nichts kann diesen Segen ersetzen. Daher sollten wir nie hastig und oberflächlich Gottes Gegenwart suchen. Der Feind wird alles daransetzen, unser Vorhaben einer regelmäßigen stillen Zeit vor dem Herrn zu verhindern. Er weiß, welche Vorteile sie für den ernsten Nachfolger bringt und wie schädlich sich ein Versäumen auf den eingeschlafenen Christen auswirkt. Gemeinschaft mit Gott beruht auf Gegenseitigkeit. Wenn wir über Gottes Wort nachdenken, spricht Er zu uns. Wenn wir unsere Hände zum Gebet erheben, sprechen wir zu Ihm. Beides gehört zur Zeit mit Gott. Sogar stilles Warten auf den Herrn kann uns helfen, Seine Stimme zu hören.

1. *Auf Gott hören.* Der Herr Jesus sagte, daß der Mensch von jedem Wort lebt, das aus dem Mund Gottes hervorgeht (Matth. 4,4). Wenn das wahr ist, dann müssen wir Gott Gelegenheit geben, zu unserer Seele

zu sprechen, damit unser ganzes Sein von Ihm erfaßt wird, von Seinem Willen und von Seinen Wegen. Wir sollten ganze Kapitel und Bücher der Bibel fortlaufend lesen, um undiszipliniertes Wechseln von einer Stelle zur anderen zu vermeiden. Wir sollten langsam, nachdenklich und mit großer Sorgfalt die Einzelheiten und die Zusammenhänge betrachten. Es ist auch besonders empfehlenswert, sich Zeit zu nehmen und über einen Gedanken oder Vers, durch den Gott zu uns spricht, gründlich nachzudenken (Ps. 119,5.23.48.78.97). Einen Bibelabschnitt langsam ein- oder zweimal zu lesen, hilft uns, einen tieferen Eindruck von der Stelle zu bekommen, uns über Gottes Gedanken klar zu werden und sie in das eigene Gedankenkonzept einzubauen. Dann sind wir auch bereit, uns verschiedene Fragen über den betreffenden Bibelabschnitt zu stellen:

- Worüber handelt dieser Abschnitt? (= Beobachtung)
- Was bedeutet dieser Text? (= Auslegung) Schlagen Sie schwierige Wörter, die Sie nicht verstehen, nach.
- Wie läßt sich das Gelesene in meinem Leben verwirklichen? (= Anwendung)

Bedenken Sie immer, daß es Gottes Ziel für unser Leben ist, dem Herrn Jesus gleichförmig zu werden (Röm. 8,29).

Stephen Olford[1] gibt vier wichtige Ziele für die alltägliche stille Zeit an: geistliche Gesundheit (1. Petr. 2,2), geistliche Reinigung in der unreinen Welt (Joh. 17,17; Ps. 119,9; Joh. 15,3), geistlicher Rat (2. Tim. 3,16; Ps. 73,24) und geistlicher Kampf (Eph. 6,17). Die wirksame Aufnahme des Wortes Gottes und die persönliche Anwendung werden intensiviert, wenn wir uns ein Notizbuch anlegen, in dem wir Datum, Text, den Schlüsselvers, durch den Gott besonders zu uns gesprochen hat, und die Anwendung oder geistliche Einsicht notieren. Eine Anwendung ist dann am hilfreichsten, wenn sie nicht nur allgemein, sondern ganz konkret ist. Gott öffnet die Augen derjenigen, die bereit sind zu gehorchen, was immer Er ihnen zeigt (Ps. 119,18).

2. *Reden mit Gott.* Im Glauben vor Gott hintreten, einfach und ehrlich mit Ihm reden, das ist Gebet. Gebet sollte nicht steif oder eine bloße Wiederholung bestimmter Formeln sein (Matth. 6,7). Wenn unsere Worte frisch und von Herzen sind, bleiben wir Gott gegenüber ehrlich und echt.

Ein ausgezeichneter Anfang ist es, Gott um Seiner hervorragenden persönlichen Eigenschaft willen zu preisen (Anbetung). Das wird uns daran erinnern, wie sehr wir es nötig haben, mehr über die Eigenschaften Gottes zu lernen. Dann können wir unsere Dankbarkeit für geistlichen und materiellen Segen zum Ausdruck bringen (Danksagung). Wir sind eingeladen, die Nöte anderer vor Gott zu bringen (Fürbitte). Hier ist es hilfreich, eine Gebetsliste zu haben, die immer dem neuesten Stand entspricht. Wir können sie aufteilen, so daß wir nicht versuchen müssen, jeden Tag alle Fürbitten durchzubringen.

Olford[1] schlägt folgendes System vor, das vom Anfangsbuchstaben der Wochentage ausgeht:

– Montag	für Missionare
– Dienstag	Dank für Segen und Gebetserhörungen
– Mittwoch	für Mitarbeiter der örtlichen Gemeinde, sowie im ganzen Land
– Donnerstag	für Dienste und Aufgaben in Gemeinde und Beruf
– Freitag	für die Familie
– Samstag	für Schwestern und Brüder im Herrn und ihre besonderen Anliegen
– Sonntag	für Sünder, die gerettet werden sollen.

Einige Gläubige schreiben sich getrennt Gebetserhörungen auf. Auch Sündenbekenntnis ist oft nötig. Schließlich vergessen Sie nicht Ihre persönlichen Anliegen, ob große oder kleine, vor Gott zu bringen (Phil. 4,6.7).

Tips zum Einprägen

1. Nehmen Sie sich regelmäßig Zeit für Gott und suchen Sie sich einen ruhigen Ort! Setzen Sie eine Zeit fest, bei der Sie dann bleiben. Beten Sie nach Möglichkeit laut, ohne jedoch andere zu stören. Beginnen Sie mit einer kürzeren Zeitspanne von etwa 20 Minuten und vergrößern Sie diese dann allmählich.

2. Richten Sie sich Bibel, Notizheft und Schreibzeug her, bevor Sie beginnen. Andachtsbücher mögen zwar hilfreich sein, sollten aber nicht als Ersatz für unabhängiges, fortlaufendes Studium der Schrift verwendet werden.

   Gehen Sie beim Bibelstudium nach einem Plan vor. Lesen Sie nicht mehr aus der Schrift, als Sie geistlich verdauen können. Ein Dutzend Verse oder ein Kapitel genügt meist.

3. Gehen Sie früh ins Bett! Zu langes Aufbleiben nimmt uns die Frische am Morgen. Stehen Sie pünktlich auf und gönnen Sie sich nicht noch einige Minuten Schlaf dazu.

4. Bitten Sie Gott, daß Er zu Ihnen spricht und sich Ihnen offenbart.

5. Seien Sie erwartungsvoll, während Sie im Glauben auf Gott horchen. Vermeiden Sie das Träumen und Wandern Ihrer Gedanken durch einen bewußten Willensakt. Denken Sie mehr über den Herrn als über sich selbst nach.

6. Drängen Sie Gott nicht! Denken Sie über das Gelesene nach. Machen Sie Pausen in Ihrem Gebet und horchen Sie auf Gott.

7. Schreiben Sie Gedanken in Ihr Notizbuch! Machen Sie Notizen für weiteres Studium oder für Ihre Gebetsliste. Überlegen Sie, welche Gedanken Sie mit einem Freund oder Gebetspartner besprechen wollen.

Olford sagt, daß die stille Zeit mit Gott absolut lebensnotwendig ist „für ein Leben anhaltender Geistlichkeit, Wirksamkeit und Liebe. Sie ist das Barometer des christlichen Lebens“.[1]

Dürfen wir fragen: Haben Sie eine tägliche Verabredung mit Gott? Halten Sie sie treu ein?

Können Sie in Ihrem geistlichen Leben Sieg haben, ohne Zeit mit Gott zu verbringen?

1 Stephen Olford, „Manna in the Morning“, Chicago (Moody Press), o.J.

STUDIENFÜHRER ZU LEKTION 8

Verabredung mit Gott

1. Welche Priorität im christlichen Leben wird in Psalm 42,2.3 angegeben?

   Warum ist das notwendig, damit unsere Beziehung zum Herrn wächst?

2. Warum brauchen wir regelmäßig Zeit mit Gott?

   Johannes 15,3

   1. Petrus 2,2

   Römer 12,2

   1. Samuel 1,19a

   Psalm 143,8

3. Beschreiben Sie die Handlungen Marias in Lukas 10,38–42. Wie hat der Herr Jesus ihr Verhalten beurteilt?

Beschreiben Sie die Haltung und Tätigkeit Marthas während sie den Herrn Jesus in ihrem Haus bewirtet.

Wie hat Marthas Mangel an geistlicher Feinfühligkeit den Wert ihres Dienstes beeinträchtigt? Was muß vor dem Dienst kommen (Luk. 5,15.16)?

4. Wie macht es sich in unserem Leben bemerkbar, wenn wir oft Dienste und Geschäftigkeit höher einschätzen als Gemeinschaft mit dem Herrn?

Was sollten Sie tun, wenn Sie merken, daß das in Ihrem Leben der Fall wird?

5. Welche Tageszeiten sind besonders günstig, um regelmäßig „zu den Füßen Jesu zu sitzen“?

Daniel 6,11

Psalm 119,147.148

Welche jeweiligen Vorteile haben die verschiedenen Zeiten des Tages (vgl. Ps. 1,2)?

6. Als die Israeliten durch die Wüste wanderten, versorgte sie Gott mit Manna, dem „Brot aus dem Himmel", als Nahrung. Wie oft sollten sie das Manna einsammeln? Was geschah, wenn sie bis später am Tag warteten (2. Mo. 16,21)? Was können Sie von dieser Bibelstelle für Ihr Leben – im Hinblick auf die stille Zeit mit Gott – lernen?

Wohin ging der Herr Jesus, um mit dem Vater allein zu sein (Mark. 1,33–35)?

Warum, denken Sie, wählte Er den frühen Morgen, um allein mit dem Vater zu sein?

7. Was können wir in der Zeit, wenn wir mit Gott allein sind, tun?

Psalm 5,3

Jesaja 50,4b

8. Was hindert uns, segensreiche Zeit mit Gott allein zu haben?

Sprüche 6,9

Lukas 10,41

Psalm 66,18

Wie würden Sie gegen solche Hindernisse in Ihrem Leben angehen?

9. Geben Sie mit eigenen Worten Psalm 63,2.3 wieder.

Drückt dies auch Ihr Verlangen aus, Gott intensiver kennzulernen?

10. Haben Sie eine geregelte Zeit, in der Sie täglich alleine mit Gott Gemeinschaft haben?

Wieviel Zeit, schätzen Sie, verbringen Sie täglich und wöchentlich alleine mit Gott?

Welche Tageszeit(en) ist (sind) für Sie am günstigsten für die Begegnung mit Gott?

„Mit Gottes Hilfe möchte ich täglich wenigstens ________________ Minuten allein mit Gott verbringen, von ____________________ bis ____________“(setzen Sie die Tageszeit ein).

Unterschrift: ________________________

LEKTION 9

Das Wort Gottes als Nahrung

„Nicht von Brot allein soll der Mensch leben, sondern von jedem Wort, das durch den Mund Gottes ausgeht" (Matth. 4,4). Das ist eine erstaunliche Aussage des Herrn Jesus, der hier 5. Mose 8,3 zitiert. Es geht um Gottes Fürsorge für Sein Volk. Gott hat mehr als körperliche Nahrung für Sein Volk bereit. Er hat uns die Heilige Schrift gegeben. Im Alten Testament, aus dem der Herr Jesus so oft zitierte, und im Neuen Testament, welches vielfach des Alte erfüllt, haben wir die Bibel als das vollständige Wort Gottes (2. Tim. 3,16; 2. Petr. 1,19–21).

Die Bibel ist ein Buch, in dem immer wieder Ausdrücke wie „so spricht der Herr" vorkommen. Gott spricht in der 1. Person oder durch Seine Vertreter. Das Wort Gottes ist lebendig und wirksam (Hebr. 4,12). Es ist lebendig und bleibt in Ewigkeit (1. Petr. 1,23–25). Psalm 119 ist ein Loblied auf die Herrlichkeiten des Wortes Gottes. Da die Bibel Gottes Mitteilung an den Menschen ist, das Handbuch des Eigentümers und Schöpfers des Menschen für alle seine Fragen und Probleme, sollten wir sie jeden Tag unseres Lebens sorgfältig untersuchen. Diese beständige Aufmerksamkeit, dieser andauernde Gehorsam ist genau das, was uns auch in der Schrift geboten wird (5. Mo. 6,6–9).

Wozu nützt die Bibel?

Wir können die lebensverändernde Kraft des Wortes Gottes bei jedem beobachten, der es mit Ehrfurcht und Gehorsam studiert. Betrachten wir die vielfältige Art und Weise, wie dieses bemerkenswerte Buch im Leben derjenigen wirkt, die aus seiner Fülle schöpfen:

1. *Errettung.* Die neue Geburt kommt mittels des Wortes Gottes zustande (1. Petr. 1,23). Wenn wir das Wort Gottes einmal aufgenommen haben, führt es uns zur „Errettung durch den Glauben, der in Christus Jesus ist" (2. Tim. 3,15). Es muß geglaubt und an andere weitergegeben werden.

2. *Geistliche Nahrung.* Der Prophet sprach vom Essen des Wortes Gottes, indem er es innerlich in seine Seele aufnahm (Jer. 15,16). Es wird mit Milch verglichen (1. Petr. 2,2), mit Honig (Ps. 19,11; Ps. 119,103) oder mit fester Speise oder Fleisch (Hebr. 5,12–14). Geistliches Leben

wird durch Nahrungsaufnahme aus dem Wort aufrechterhalten.

3. *Wachstum.* Indem das Wort unsere Seelen ernährt, baut es uns in unserem allerheiligsten Glauben auf (Apg. 20,32). Bedingung für geistliches Wachstum ist Nahrungsaufnahme aus dem Wort Gottes (1. Petr. 2,2).

4. *Weisheit.* Der Wert der Bildung wird heute noch überall hoch eingeschätzt und der Mensch hofft, durch sie weise zu werden. Doch die Schrift kann uns weiser als unsere Feinde machen und uns mehr Verständnis geben als weltliche Lehrer (Ps. 119,99.100).

5. *Reinigung.* Die Welt ist voller moralischer Verschmutzung. Der große Reiniger der Herzen und der Sinne ist das Wort (Ps. 119,9; Joh. 15,3). Es bewahrt uns vor der Sünde.

6. *Führung.* Es ist uns immer wieder ein Problem, Entscheidungen zu treffen, den richtigen Weg zu wählen. Das Wort Gottes ist Licht für unseren Pfad (Ps. 119,105).

7. *Trost* oder Ermutigung in Schwierigkeiten und Sorgen kommen von dieser nie versiegenden Quelle (Ps. 119,28.50.76; Röm. 15,14).

8. *Freude.* In einer Welt voll Kummer und Sorge können wir durch das Wort tiefe Freude erleben (Joh. 15,11).

9. *Segen.* Daß diejenigen, die auf das Wort achten und es befolgen, Segen erfahren, sehen wir ganz klar in der Schrift (5. Mo. 28,1–8). Erfolg, wie Gott ihn versteht, wird dem zuteil, der im Wort bleibt und auf seine Vorschriften achtet (Jos. 1,8).

Wie nehme ich das Wort auf?

Ein guter Speiseplan von Gottes Wort kann abwechslungsreich zusammengestellt sein. Wenn wir Gott bitten, unsere Augen zu öffnen (Ps. 119,18), und der Heilige Geist unser göttlicher Lehrer ist (Joh. 14,26), können wir das Brot Gottes essen und in unser innerstes Sein aufnehmen. Der heranwachsende Christ praktiziert folgende Arten der Nahrungsaufnahme:

1. *Hören des Wortes* (Spr. 28,9; Luk. 19,48). Bevor der Buchdruck erfunden war und es einfach wurde, sich eine Bibel zu beschaffen,

konnten die meisten Menschen die Heilige Schrift nur beim Gottesdienst hören. Wir müssen es lernen, aufmerksam zuzuhören, wenn Gottes Wort verkündigt wird. Es ist auch wichtig, gut darüber nachzudenken, was gesagt wird. Wir können mehr vom Gehörten im Gedächtnis behalten, wenn wir uns Notizen machen und über deren Inhalt mit anderen sprechen.

2. *Lesen des Wortes* (5. Mo. 17,19; Off. 1,3). Gehen Sie nach einem systematischen Plan vor und lesen Sie nicht bloß aufs Geratewohl. Lesen Sie jeden Tag eine bestimmte Anzahl von Kapiteln! Es ist gleichzeitig ein Segen, ein Vorrecht und eine Pflicht, den Inhalt dieses Buches ganz zu kennen und nicht nur Teile da und dort. Sowohl das Alte wie auch das Neue Testament müssen gemeistert werden.

3. *Studieren des Wortes* (Apg. 17,11; Spr. 2,1–5). Das bedeutet mehr als bloß einen Abschnitt lesen. Es heißt: sich ins Wort hineingraben. Schreiben Sie entscheidende Gedanken auf! Stellen Sie Fragen oder teilen Sie Ihre Gedanken anderen mit! Schlagen Sie nach, wenn Sie etwas nicht verstehen! Und vor allem: Wenden Sie das Wort persönlich an! Wirksames Bibelstudium ist auf Anwendung ausgerichtet!

4. *Auswendiglernen des Wortes* (5. Mo. 6,6.7; Spr. 7,1–3; Ps. 37,31). Auswendiglernen ist der sicherste Weg, Gottes Wort in unserem Herzen zu bewahren. Wir vergessen fast alles, was wir hören, und das meiste von dem, was wir lesen, aber wir behalten 100% dessen, was wir auswendig lernen, wenn wir es regelmäßig wiederholen. Wenn wir einen Schlüsselvers in einer geistlichen Notsituation oder zur Hilfe anderer brauchen, ist das auswendig gelernte Wort von unschätzbarem Wert. Der Herr Jesus zitierte aus dem Gedächtnis, als Er der Versuchung widerstand (Matth. 4,1–11). Kleine Bibelverskärtchen mit wichtigen Versen sind leicht zu beschaffen und sind eine Hilfe beim Auswendiglernen.

5. *Nachsinnen über das Wort* (Ps. 119,15.23.48.78.148; Phil. 4,8). Dies bedeutet intensives Nachdenken, innerliches Hin- und Herbewegen, mit sich selbst über Gottes Wort reden, still oder laut. Es ist eine Zeit des Nachdenkens über einen gewissen Aspekt der Wahrheit oder der Person Gottes. Nachsinnen kann mit der stillen, geruhsamen Art und Weise verglichen werden, in der eine Kuh ihr Futter wiederkäut. Wenn ein Vers besonders zu unserem Herzen gesprochen hat, können wir am Morgen, nach unserer Bibellese in der stillen Zeit darüber nachsinnen. Schreiben Sie diese Gedanken auf! Teilen Sie diese Gedanken jemandem mit!

Die Wirkung des Wortes Gottes auf uns hängt sehr davon ab, mit welcher Einstellung wir an das Wort herangehen. Wer ernsthaft das Wort studiert, hat sich auch ganz dem Herrn Jesus ausgeliefert. Er studiert Sein Wort regelmäßig und wendet es in seinem Alltagsleben an. Er vertraut fest auf allmähliches Lernen und beständiges Wachstum und nicht auf magische Effekte beim krampfhaften Rennen zur Bibel in außergewöhnlichen Notsituationen. Er versteht, daß die Aufnahme des Wortes Gottes ein Austausch mit Gott ist, und nicht eine mechanische Übung oder eine akademische Zergliederung durch einen Beobachter, der über Gottes Wort zu Gericht sitzt.

Methoden des Bibelstudiums

Im Wort selbst wird keine besondere Art des Bibelstudiums vorgeschlagen. Jedoch wird der Gläubige, der eine dynamische Beziehung zum Wort hat, auf folgendes achten:
- sich täglich *Zeit* fürs Wort zu nehmen,
- an einem *Ort* mit möglichst wenig Ablenkung,
- die ganze Schrift nach einem *Plan* fortlaufend durchzustudieren,
- ein *Ziel:* Christus ähnlicher zu werden.

Wenn wir uns Jesus Christus unterordnen, mit Eifer lernen wollen und Gottes Wort regelmäßig studieren, werden wir auch ohne besonderen Unterricht eine tiefgreifende Wirkung erfahren.

Es ist hilfreich, sich die drei folgenden Fragen zu stellen, wenn man an das Wort herangeht. Beantworten Sie sie der Reihe nach, wenn Sie den Text lesen.

1. *Was sagt diese Stelle?* Beobachten Sie genau die Einzelheiten des betreffenden Bibelabschnittes: die Menschen, die einzelnen Begebenheiten, die Handlungen und die Lehre, die darin steckt. Unterstreichen Sie wichtige Worte und machen Sie sich Notizen auf einem eigenen Blatt Papier. Nehmen Sie sich dazu viel Zeit und konzentrieren Sie sich.

2. *Was bedeutet sie?* Um richtig auslegen zu können, müssen Sie die Bedeutung dessen verstehen, was Sie gelesen haben. Seien Sie sich klar über die Bedeutung der einzelnen Worte und Begriffe, und schlagen Sie nach, wenn Sie im Zweifel sind!

   Fragen Sie sich auch, warum diese Begebenheit in der Schrift festgehalten wurde. Achten Sie auf die Wirkung gewisser Handlungen und Worte. Wie steht Gott dazu? Welche Lehre ist hier dargelegt? Welche Bedeutung hat diese Lehre für das Leben des Gläubigen? Was geht diesem Abschnitt voraus und was steht danach? Dieser Zusammenhang wird Kontext genannt. Wir wollen in die Stelle keinen Gedanken hineinlesen, der mit dem Kontext nicht vereinbar ist. Verbringen Sie nicht zuviel Zeit mit Versen, die Sie *nicht* verstehen. Notieren Sie sich, wenn nötig, Fragen für weiteres Studium! Dann legen Sie diese beiseite und konzentrieren sich auf das, was Sie schon verstehen!

3. *Wie kann ich sie anwenden?* Bei dieser Frage handelt es sich darum, wie wir das Wort Gottes auf unser persönliches Leben anwenden. Die Anwendung ist die Frucht unseres Studiums. Ich werde mit der Frage konfrontiert, wie ich das Erkannte in mein Leben einbauen will.

   Bibelstudium hat das Ziel, uns zu verändern – uns Jesus Christus ähnlicher zu machen und Gott mehr und mehr verstehen zulernen. Erkenntnisse zu gewinnen, ohne sie anzuwenden, ist ein Mißbrauch der Schrift. Suchen Sie nach Verheißungen, Warnungen, Befehlen, Beispielen, Ermutigungen oder Wahrheiten über den Charakter Gottes. Bitten Sie Gott in allem Ernst, daß Er während Ihres Studiums durch Sein Wort zu Ihnen spricht. Warten Sie still, wenn Er nicht gleich zu Ihnen spricht; legen Sie Ihre Hektik ab, wenn Sie in der Gegenwart Gottes sind.

   Schreiben Sie jeden Tag in einem Notizheft oder Tagebuch auf, was Sie gelernt haben, um später nachschlagen oder weiterstudieren zu können. Verwenden Sie das persönliche Fürwort „ich", wenn Sie eine Anwendung formulieren. Verwenden Sie ein Zeitwort, das eine Tätigkeit ausdrückt, wenn Sie sich über die richtige Anwendung im klaren sind. Vermeiden Sie bei Ihren Studien verschwommene und unpersönliche Beobachtungen. Seien Sie nicht jemand, der ausweicht. Gott selbst möchte Ihr Lehrer sein, wenn Sie aufrichtig zu Seinen Füßen lernen wollen.

Hilfen zum Bibelstudium

Es gibt heute mehr Hilfsmittel zum Bibelstudium, als je zuvor in der Geschichte. Die Bibel allein genügt an sich, wenn wir vom Heiligen Geist geleitet werden, aber auch Studienhilfen können mit zum besseren Verständnis des Wortes beitragen. Im folgenden einige Hinweise dazu:

1. *Bibelübersetzungen.* Es ist von grundlegender Wichtigkeit, daß wir sorgfältig untersuchen können, was die Bibel sagt, und zwar in Worten, die wir verstehen.

Viele Bibelleser im deutschen Sprachraum halten sich nach wie vor an die *Lutherübersetzung* (letzte Revision 1984), die einigermaßen wortgetreu und verständlich ist, wenn man auch viele Wendungen im typischen „Lutherdeutsch" nicht aufgeben will, und an etlichen Stellen ein Hang zum Sakramentalismus deutlich wird („Bischofsamt" usw.).

Die erste Wahl für den ernsthaften Bibelleser ist deshalb zweifelsohne die *Elberfelder Übersetzung,* die seit über hundert Jahren ihren Ruf als wortgetreueste deutsche Bibelübersetzung zu recht bewahrt hat. Für den Anfänger ist sie gelegentlich etwas schwierig zu verstehen, weil sie sich in Sprachduktus und Satzbau eng an den hebräischen und griechischen Grundtext anlehnt, ja diesen – so die Absicht der Übersetzer – „gleichsam wie in einem Spiegel wieder hervorzubringen" versucht. Dies hat natürlich auch viele Vorteile.

Wer dies jedoch als unüberwindliches Hindernis empfindet, findet in der *Schlachterübersetzung* eine gute Alternative: Genauer als die Lutherübersetzung und für Anfänger sicher verständlicher als (wenn auch nicht so genau wie) die Elberfelder Bibel. Ähnlich wie Schlachter einzuordnen ist die *Revidierte Elberfelder Übersetzung* (1985), die von der engen Grundtextnähe der alten Elberfelder weggerückt ist, um bessere Verständlichkeit zu erreichen. Dennoch sehr wortgetreu, hat sie in Verbindung mit ihren Kapitelüberschriften und guten Parallelstellen in sehr kurzer Zeit eine weite Verbreitung im deutschen Sprachraum gefunden. Wenn auch an einigen wenigen Stellen Spuren bibelkritischer Einflüsse sichtbar werden, ist sie doch gerade für den Anfänger im Bibelstudium ein sehr empfehlenswertes Werkzeug.

Andere eventuell in Frage kommende Übersetzungen wären die *Menge-Bibel* und die *Zürcher Bibel.* Von durch liberale Bibelkritik und katholischem Sakramentalismus geprägten Bibelversionen wie Einheitsübersetzung, Jerusalemer Bibel, Zink-Übertragung, Gute Nachricht usw. ist abzuraten. Wer sich ausführlicher mit dem Thema Bibelübersetzungen beschäftigen möchte, sei auf den ausgezeichneten Leitfaden „Bibelübersetzungen unter der Lupe" (Kurt Weber, Aßlar, 1984) verwiesen.

2. *Bibelübertragungen.* Neben der Guten Nachricht (s. oben) gibt es als Übertragung des Neuen Testaments „Hoffnung für alle" (Basel und Gießen 1987) das deutsche Äquivalent zur „Living Bible". Hier werden bibeltreue Grundhaltungen mit zeitgemäßer einfacher Sprache verbunden, so daß diese freie Übertragung als zusätzliche Verständnishilfe empfohlen werden kann.

3. *Konkordanz.* Eine Konkordanz ist eine alphabetische Auflistung von Wörtern und den dazugehörigen Sätzen in der Bibel, durch die man Bibeltexte und Parallelstellen findet, die sich auf ein bestimmtes Thema beziehen. Die Konkordanz sollte möglichst zur Bibelübersetzung passen, also die „Große Konkordanz zur Lutherbibel" zur Lutherübersetzung und die – in ihrer Ausführlichkeit bisher unübertroffenen – „Elberfelder Bibelkonkordanz" zur Elberfelder Übersetzung. Zur Revidierten Elberfelder Bibel soll Ende 1988 ebenfalls eine Konkordanz erscheinen.

4. *Lexika.* Bibellexika geben in alphabetischer Reihenfolge allgemeine Hintergrundinformationen, kurze Erklärungen zu lehrmäßigen Themen, Inhaltsangaben zu Bibelbüchern, Übersetzungen der Namen und sonstige nützliche Informationen zu Geographie, Geschichte, Archäologie, Pflanzen- und Tierwelt der Bibel. Seit zwanzig Jahren gibt es das gute, wenn auch einfach ausgestattete (nur Zeichnungen und schwarz-weiß Photos) „Lexikon zur Bibel" von Fritz Rienecker. Daneben erscheinen zur Zeit zwei moderne Werke: Das „Bibellexikon in Farbe" (Hänssler-Verlag, erscheint Sommer 1988) und das „Große Bibellexikon" (Brunnen- und Brockhaus-Verlag, erscheint 1987 bis 1989 in drei Bänden).

5. *Andere Hilfsmittel.* Manchmal sind in Bibeln Landkarten und geschichtliche Zeittafeln enthalten, doch leistet dem ernsthaften Bibelleser ein Bibelatlas (z.B. „Kleiner historischer Bibelatlas" vom Calwer-Verlag und der sehr ausführliche „Studienatlas zur Bibel" vom Hänssler-Verlag) gute Dienste. Daneben gibt es verschiedene Handbücher zur Bibel, die bestimmte Themen wie Archäologie, Kultur, Pflanzenwelt, Klima, Staats- und Militärwesen der biblischen Länder und auch den Inhalt einzelner Bibelbücher ausführlicher behandeln als ein Bibellexikon. Verbreitet ist z.B. das reichlich illustrierte „Handbuch zur Bibel" (Brockhaus). Aufgrund seiner bibelkritischen Einflüsse ist ihm jedoch das ausgezeichnete „Ungers Großes Bibelhandbuch" (Schulte u. Gerth) vorzuziehen, das zusätzlich recht hilfreiche Kurzkommentare zu sämtlichen Bibelbüchern enthält.

Eine gute verständliche Bibelübersetzung und einige einfache Hilfsmittel sind alles was zu Anfang nötig ist. Beim Erwerb von Werkzeugen zum Bibelstudium sollten wir jedoch unbedingt Bücher mit einer liberalen und kritischen Haltung der Bibel gegenüber oder gar Material von Sekten vermeiden.

Zusammenfassung

Wie weit möchten Sie im Verständnis von Gottes Wort in einem, fünf bzw. zehn Jahren sein? Werden Sie ein Kind sein, ein Jüngling oder ein Erwachsener? Werden Sie fähig sein, die feste Speise aus dem Wort zu verdauen oder werden Sie noch Milch trinken (1. Kor. 3,1-3)?

„Und während ihr der Zeit nach Lehrer sein solltet, habt ihr wieder nötig, daß man euch lehre, was die Anfangsgründe der Aussprüche Gottes sind; und ihr seid solche geworden, die Milch nötig haben und nicht feste Speise. Denn jeder, der noch Milch genießt, ist richtiger Rede unkundig, denn er ist ein Unmündiger; die feste Speise aber ist für Erwachsene, die infolge der Gewöhnung geübte Sinne haben zur Unterscheidung des Guten wie auch des Bösen“ (Hebr. 5,12–14).

Wir haben die Wahl: Wenn wir noch jung oder unreif im Glauben sind, laßt uns „wie neugeborene Kinder begierig sein nach der unverfälschten Milch des Wortes“, damit wir im Herrn wachsen (1. Petr. 2,2).

Wenn wir schon reifer sind im Wort, können wir zu „fester Speise“ greifen und unsere geistliche Einsicht und Unterscheidungskraft ausbilden.

Das Wort Gottes als Nahrung

Jeden Morgen in dieser Woche wollen wir eine geistliche Übung praktizieren, wobei wir Bibelstellen nehmen, die jeweils einen anderen Aspekt des Wortes Gottes aufzeigen. Das wird uns auf das Gespräch über „Das Wort Gottes als Nahrung" vorbereiten und gleichzeitig die Lektion „Verabredung mit Gott" von der letzten Woche vertiefen.

Wir schlagen folgendes Vorgehen vor; es wird eine Hilfe in unseren Vorbereitungen sein.

1. Beten Sie um Erleuchtung durch den Heiligen Geist.
2. Lesen Sie den Text mehrere Male.
3. Wählen Sie zu jedem Absatz eine Überschrift. Fassen Sie den Hauptpunkt kurz schriftlich zusammen. Wenden Sie das Gelesene persönlich an!

Muster für ein Arbeitsblatt

Bibelstelle: Galater 1,11–17 Datum: 10. Januar 1982

Thema: Nicht von menschlicher Art V. 11

Zusammenfassung: Paulus teilt mit, wie er das Evangelium direkt von Gott empfing und nicht von „Fleisch und Blut".

Anwendung: Herr, hilf mir, das *Wort* für mich selbst zu lesen. Ich will die Kommentare von Menschen erst lesen, wenn ich das Wort für mich selbst erforscht habe.

4. Beantworten Sie täglich nach Ihrer stillen Zeit die Fragen dieses Studienführers, die sich auf den Absatz beziehen.

1. Tag: Psalm 19,8–12

Worauf weisen die verschiedenen Namen für Gottes Wort hin? Welche charakteristischen Eigenschaften von Gottes Wort werden erwähnt? Wie kann sich das Wort auf Ihr Leben auswirken?

2. Tag: 5. Mose 11,18–21

Auf welche verschiedenen Gebiete des Lebens wird durch die Worte „Herz“, „Hand“, „Pfosten“, „Tore“ hingewiesen? Wie lernt man das Wort am besten, wenn wir uns von dieser Bibelstelle leiten lassen?

3. Tag: 2. Timotheus 2,14–19

Welches Problem wird in den Versen 14,16,17,18 aufgezeigt? Welche Lösung zeigt Vers 15? Nennen Sie vier Gründe, warum man Gottes Wort studieren sollte!

4. Tag: Psalm 119,9–16
Welche innere Haltung zeigt hier der Psalmist? Wie handelt er? Wie „verwahrt“ man das Wort im Herzen?

5. Tag: Psalm 1
Beschreiben Sie den „glücklichen Mann“ dieses Psalms. Warum ist er erfolgreich? Was muß er vermeiden?

6. Tag: Jakobus 1,22–25
Auf welche Art kann das Wort wie ein Spiegel wirken? Welche Handlung ist dazu erforderlich? Welche Beziehung besteht zwischen Gehorsam und geistlicher Selbsttäuschung?

7. Tag: Wiederholung
Was haben Sie über die Bedeutung des Wortes Gottes für Ihr Leben gelernt? Welche Haltungen und Handlungsweisen werden Sie in Ihrem Leben als Ergebnis dieses Studiums ändern?

LEKTION 10

Lehre uns beten

Diejenigen, die ertrinken, sterben, die in Gefahr oder in Not sind, haben kaum Schwierigkeiten zu Gott zu schreien. Es kommt so natürlich wie das Atmen, und es besteht dann wenig Neigung zu mechanischem Wiederholen von auswendig gelernten Gebeten. In solchen Umständen ist das Gebet keine lästige Pflicht, die möglichst schnell erledigt wird, um das Gewissen zu beruhigen. Es ist einfach ein verzweifelter Schrei zu Gott aus einer tiefen Not heraus, in der nur mehr Er helfen kann. „O Gott, bitte hilf mir!“, ist der Schrei derjenigen, die nun nicht mehr zu beschäftigt, zu selbstzufrieden, zu treulos sind, um zu beten. Sie suchen auch nicht jemanden, der sie lehrt, zu beten; sie beten einfach.

Christen geben allgemein zu, daß das Gebetsleben der schwächste Punkt ihres regelmäßigen geistlichen Lebens ist. Sie geben zu, daß Erfolg in geistlicher Arbeit vom Gebet abhängt, und mangelnder Erfolg auf fehlendes Gebet zurückzuführen ist. Und doch, obwohl fast alle beten, sind wenige wirklich Beter.

Die Gebetsschule des Herrn

Die Apostel spürten bei sich selbst diesen Mangel. „Herr, lehre uns beten!“, baten sie, „wie auch Johannes seine Jünger lehrte!“ (Luk. 11,1). Diese Bitte kam, als sie den Herrn Jesus im Gebet beobachteten – Ihn, der ein Beter war. Sie spürten Seine tagtägliche Abhängigkeit vom Gebet. Er stand vor Tagesanbruch auf, um Seines Vaters Angesicht zu suchen (Mark. 1,35). Manchmal betete Er die ganze Nacht (Luk. 6,12). Er betete für ihr Wohlergehen und das der anderen (Joh. 17).

Gebet war für den Herrn Jesus keine Maßnahme für den Notfall, sondern Teil Seines Lebens. Er wollte, daß Seine Jünger beten, beständig und ohne aufzugeben (Luk. 18,1). Sein Unterricht im Beten wurde jeden Tag in Beispiel und Lehre abgehalten. Er sagte: „Bittet, und es wird euch gegeben werden; suchet, und ihr werdet finden; klopfet an, und es wird euch aufgetan werden“ (Matth. 7,7). Genau übersetzt wird die steigende Intensität dieses Aufrufs besonders deutlich: Bittet und fahrt fort mit Bitten, sucht und haltet an im Suchen, klopfet und fahrt fort mit Klopfen!

Der Herr illustrierte diese Lehre mit der Geschichte eines Mannes, der flehend und beharrlich um Mitternacht an die Tür seines Freundes klopft (Luk. 11,5–9).

Gott hat schon immer die Gläubigen aufgefordert, Ihn freimütig anzurufen (Jer. 33,3).

Der Herr Jesus hat diesen Aufruf erweitert und verstärkt und auch auf sich selbst bezogen: „Wenn ihr in mir bleibt und meine Worte in euch bleiben, so werdet ihr bitten, was ihr wollt, und es wird euch geschehen" (Joh. 15,7).

„Was ihr den Vater bitten werdet in meinem Namen, wird euch gegeben ...Bittet und ihr werdet empfangen, damit eure Freude völlig sei" (Joh. 16,23.24).

Diese Aufforderung ist fast unglaublich, aber Gott kann nicht lügen (Tit. 1,2). Wer Gott nicht glaubt, macht Ihn zu einem Lügner (1. Joh. 5,10). „Gott ist wahrhaftig, wenn auch alle Menschen Lügner sind" (Röm. 3,4). R.A. Torrey schrieb: „Beten bedeutet von der Bank abheben..., die das größte Kapital im ganzen Universum hat, die Bank des Himmels."[1]

Gespräch mit Gott

Was ist Gebet? Hier gibt es verschiedene, weitverbreitete, aber unrichtige Ansichten. Einige betrachten Gebet bloß als psychologische Aktivität. Manche Mediziner haben die Wirkung des Gebets auf das seelische Wohlbefinden totkranker Menschen beobachtet, auf das Verschwinden von Krankheiten und auf die Beschleunigung des Heilungsvorganges hin. Sie meinen, das Gebet habe eine psychosomatische Wirkung auf den Körper. Andere sehen Gebet als seelische Stütze an. Sie sagen: „Wenn du denkst, es hilft dir, ist es gut!" Andere stufen Gebet als Aberglauben ein. All diese Menschen haben wenig Wissen um den Gott der Bibel. Für sie ist Gebet wie Zauber – es wirkt, egal ob der Medizinmann, der Priester oder der religiöse Scharlatan es verrichtet. Wieder andere reden auf Gott ein, anstatt mit Gott zu sprechen. Manche sagen ihre Gebete als religiöse Übung.

Keine dieser Vorstellungen kann mit dem Gedanken der Gemeinschaft mit dem wahren Gott in einer einsichtigen Art und Weise, durch die Seine Macht freigesetzt wird, verglichen werden. Diese verschiedenen Anschauungen anerkennen Gott nicht als Den, der hört und als Erhörung eingreift und handelt.

Gebet ist direktes Gespräch mit Gott, auf der Grundlage der Offenbarung Seiner Selbst in der Schrift, wobei geistliche Prinzipien und Gesetze den Zugang zu Ihm und Seine Reaktion bestimmen. Es ist ein Erheben der Seele zu Gott (Ps. 25,1), ein Schreien aus dem Innersten (2. Mo. 2,23; Ps. 5,3; Ps. 18,6).

Cameron Thompson schrieb: „Gebet ist das Ausbreiten unserer und anderer Menschen Hilflosigkeit im Namen des Herrn Jesus Christus vor den liebenden Augen eines Vaters, der um unsere Not weiß, uns versteht, sich um uns sorgt und uns erhört. Gebet ist das Atmen und Lechzen des Geistes nach Gott. Gebet ist eher ein Ergreifen der Willigkeit Gottes als ein Überwinden Seiner Widerwilligkeit."[2] Jemand hat das Gebet als den „Schlüssel zur Schatzkammer Gottes" bezeichnet.

Es geht beim Gebet nicht darum, Gott mit unseren Nöten vertraut zu machen, denn Er kennt sie schon, bevor wir bitten (Matth. 6,8; Luk. 12,30). Es geht auch nicht darum, Seine ewigen Pläne ändern zu wollen, sondern im Einklang mit ihnen zu beten.

Gott möchte durch unser Gebet wirken, so wie Er durch unseren Glauben wirken will. Gebet ist tatsächlich eine Handlung echten Glaubens. Es ist wunderbar und erstaunlich, daß Gebet uns als Mittel gegeben ist, wodurch wir Gott ergreifen dürfen (Jes. 64,7). Manchmal sind wir geneigt, Gebet bloß als Bitten anzusehen. Doch umfaßt es viel mehr. Welches Gespräch oder welche Beziehung könnte aus bloßem Bitten bestehen?

Die Hauptaspekte des Gebets sind folgende:

1. *Anbetung.* In Psalm 100,4 werden wir aufgefordert: „Zieht ein...in seine Vorhöfe mit Lobgesang." Wie kann man besser in Gottes Gegenwart kommen? „Preist den Herrn" oder das hebräische *Halleluja* ist eine Redewendung, die charakteristisch für die Psalmen ist. Der Herr Jesus lehrte die Samariterin, daß Gott Anbeter sucht (Joh. 4,23). Anbetung beschäftigt sich damit, was Gott in Sich Selbst *ist* und nicht mit dem, was Er für uns *tut* – eine Unterscheidung, die die meisten Gläubigen vergessen haben. Anbetung ist ein Geben an Gott, kein Nehmen (Ps. 96,8). Maria sang: „Meine Seele erhebt den Herrn" (Luk. 1,46). „Erheben" bedeutet verherrlichen, rühmen (Ps. 34,3). Beschäftigen Sie sich mit den Eigenschaften Gottes, um Ihrer Anbetung Substanz zu verleihen.

2. *Danksagung.* Wenn wir in Gottes Gegenwart treten, gehört zum Lob-

preis auch die Danksagung (Ps. 100,4; 95,2). Trotz der vielen Segnungen des Herrn lebt die ungerettete Welt in einem Zustand der Undankbarkeit (Röm. 1,21). Jesus heilte einmal zehn Aussätzige, aber nur *einer* dankte. Er fragte: „Sind nicht zehn gereinigt worden? Wo sind die Neun?“ (Luk. 17,17). Wir sollten auf die vielen Segnungen zurückblicken, wenn wir vor den Herrn kommen, und sie eine nach der anderen aufzählen. Da sind Gesundheit, materielle Segnungen, geistliche Segnungen im Herrn und in der Gemeinschaft mit Seinem Volk. Und die Schwierigkeiten? Ja, Gott wirkt auch durch sie zu unserem Segen (Röm. 8,28). In 1. Thessalonicher 5,18 und Epheser 5,20 werden wir aufgefordert, in allen Dingen dankbar zu sein. *Danken* bereitet den Weg zu weiteren Segnungen.

3. *Sündenbekenntnis.* Unser Gott ist ein heiliger Gott, und was immer unsere Gedanken oder Handlungen verunreinigt, hindert unsere Gemeinschaft mit Gott sowie unser Gebet (Ps. 66,18). Diese Sünden müssen bekannt und aufgegeben werden (Spr. 28,13). Wir müssen vor Gott auch bezüglich unserer Unterlassungen guter Werke aufrichtig sein, nicht nur bezüglich unserer sündigen Gedanken und Handlungen. Der Psalmist flehte: „Erforsche mich, Gott, und erkenne mein Herz“ (Ps. 139,23). Wir müssen reine Herzen haben, um mit dem heiligen Gott zu leben. Je näher ein Mensch Gott ist, desto mehr steigt sein Sündenbewußtsein (Jes. 6,5). Wenn Sie aufrichtig Ihre Sünden bekannt haben, dann sollen Sie Seine Vergebung annehmen (1. Joh. 1,9).

4. *Fürbitte.* Die Sorge um unseren Mitmenschen und die Überzeugung, daß Gebet die Dinge ändern kann, treibt uns zum Beten. Mose war ein mächtiger Fürbitter. Wenn wir 4. Mose 12,1–13 und 2. Mose 32,7–14 lesen, erhalten wir klar den Eindruck, daß seine Gebete dazu beitrugen, seine Schwester Mirjam und das Volk Israel vor Gottes Gericht zu bewahren. Unser Herr Jesus selbst tritt täglich für uns als Fürsprecher beim Vater ein (Hebr. 7,25). In den neutestamentlichen Briefen lesen wir immer wieder von Fürbitten für Gemeinden und für einzelne Menschen. Ernsthafte Fürbitter haben eine Gebetsliste mit Anliegen, die sie regelmäßig vor Gott bringen. Die Massen von unbekehrten Menschen um uns, die Kranken, die Leidenden, sie alle brauchen unsere Gebete. Andere große Nöte wie der Bedarf an Arbeitern für die Weltmission sollten uns auch beschäftigen (Matth. 9,37.38).

5. *Bittgebet.* Unsere täglichen Bedürfnisse sollen vor den Herrn gebracht werden (Matth. 6,11), aber wir sollen uns ihretwegen keine Sorgen

machen (Matth. 6,25–34). Geistliche Anliegen sind wichtig, wie z.B. die Bitte um das Verstehen Seines Wortes (Ps. 119,34) oder das Flehen um Befreiung von Ungerechtigkeit und Unterdrückung durch Menschen (Ps. 119,133.134). Wir brauchen Führung, was unsere täglichen Pflichten und Entscheidungen betrifft. Der, der weiß, wann ein Sperling zur Erde fällt, und der die Haare auf unserem Kopf gezählt hat, betrachtet keine Sache als zu gering, um dafür zu bitten (Matth. 10,29–31).

Bedingungen für das Gebet

Gebet muß der Wahrheit, den Prinzipien, Bedingungen oder Gesetzen des Gebets entsprechen. Diese sind in der Schrift beschrieben und weichen vielleicht stark von dem ab, was wir uns unter Gebet vorstellen bzw. in der Kindheit gelernt haben. Wenn wir gemäß der Wahrheit Gottes beten, können wir zuversichtlich sein, daß Gott unser Gebet erhört. Bedenken Sie aber, daß Gebet ein Vorrecht ist, das Gott uns gibt, und kein Recht. Gott hört auf den, der demütig und zerbrochenen Geistes ist, und nicht auf die, die bloß fordern und sich beklagen (Jes. 66,2; Ps. 51,17). Stolz oder Hochmut in jeglicher Form sind eine überaus große Beleidigung Gottes (1. Sam. 2,3; 15,23).

Betrachten Sie folgende Gründe, warum das Gebet ein so gesegnetes Vorrecht ist.

1. *Das Vorrecht des Kindes Gottes.* Gläubige sind Kinder Gottes allein durch den Glauben an Jesus Christus (Gal. 3,26). Jedes Kind Gottes hat den Heiligen Geist in sich wohnen. Alle unerlösten Menschen sind Kinder des Zornes und des Ungehorsams (Eph. 2,1–3). Wir können freimütig in Gottes Gegenwart treten, aber nur durch das Blut Jesu (Hebr. 10,19). Nicht jeder hat dieses Recht. Der Herr Jesus sagte, daß es nicht recht sei, den Kindern das Brot zu nehmen und es Fremden zu geben (Matth. 15,26).

   Wir müssen *im Namen des Herrn Jesus* beten (Joh. 14,13.14; 15,16; 16,23–26). Niemand kann zu Gott kommen, außer durch den Herrn Jesus (Joh. 14,6). Gott wird in Seinem Sohn verherrlicht. Gott kann zwar das Gebet eines jeden Menschen erhören, wenn es Ihm gefällt, aber dieses Recht steht allein Gott zu – nicht den Menschen. Beten *im Namen des Herrn Jesus* ist nicht eine Zauberformel am Ende des Gebets. Es zeigt an, auf welcher Grundlage wir uns Gott nahen, damit wir das vor Ihn bringen, was im Einklang mit Seinem Charakter und Seinen Wünschen ist, soweit wir das feststellen können. Gebet *im Namen des Herrn Jesus* bedeutet eigentlich, den Geist Christi einzuladen, die Kontrolle über alles, was wir zu Gott beten, zu übernehmen. Laßt uns zuversichtlich zu Gott kommen (Eph. 3,12)!

2. *Das Vorrecht des Glaubenden.* Jemand, der erst dann zu Gott kommt, wenn er alles andere versucht und nichts erreicht hat, ist ein Mensch mit wenig Glauben. Wer betet und dabei an der Wahrheit von Gottes Verheißungen über das Gebet zweifelt, entehrt Ihn und ist inkonsequent. „Denn jener Mensch denke nicht, daß er etwas vom Herrn empfangen werde" (Jak. 1,7). Der Herr wies die ungläubigen Jünger zurecht, die Seine Macht nicht in Anspruch genommen hatten (Luk. 9,41; Matth. 17,17). Zweifel verhindert das mächtige Wirken Gottes (Matth. 13,58). Glaube, wenn er auch klein ist wie ein Senfkorn, kann Berge versetzen, wenn es ein Glauben an den richtigen Gegenstand, nämlich an Gott und Sein Wort, ist (Matth. 17,20). Der Herr fragte die Menschen manchmal, ob sie glauben, daß Er tun könne, worum sie Ihn baten. Wenn sie bejahten, antwortete der Herr: „Dir geschehe nach deinem Glauben." Und dann sahen die Gläubigen das Ergebnis (Matth. 9,28–30). „Dem Glaubenden ist alles möglich", sagte der Herr zu einem flehenden Vater, der um die Heilung seines Kindes bat. Der Vater antwortete: „Ich glaube. Hilf meinem Unglauben!" (Mark. 9,23.24). Der Herr Jesus heilte das Kind und erhörte das Gebet des Vaters. Der römische Hauptmann wußte wenig über Gebet, aber er setzte seinen Glauben auf die richtige Person (Luk. 7,2–10).

   Ohne Glauben ist es nicht nur schwierig, sondern unmöglich, Gott zu gefallen (Hebr. 11,6). Erwarten Sie eine Antwort? Eine Gebetserhörung? Wenn nicht, sparen Sie sich die Mühe, zu beten. Laßt uns glaubend vor den Herrn kommen mit dem Gebet des Glaubens (Jak. 5,15).

3. *Das Vorrecht des Willigen.* Gottes guter und vollkommener Wille segnet diejenigen, die ihre Leiber Ihm übergeben (Röm. 12,1.2). Wenn wir von vornherein Seinen Willen akzeptieren, dann können wir auch Seinem Willen gemäß beten (1. Joh. 5,14.15). Wie können wir Gottes Willen in Angelegenheiten, die nicht ausdrücklich in der Schrift erklärt sind, erkennen? Der Wille Gottes ist in der Schrift geoffenbart in klaren *Verheißungen,* die wir in Anspruch nehmen können, in *Grundsätzen,* an die wir uns halten können, in *Geboten,* die wir ausführen, und in *Warnungen,* auf die wir achten sollen. Wenn wir dem Willen Gottes gemäß bitten, werden wir nicht selbstsüchtig sein und nicht verkehrt bitten (Jak. 4,3).

Wie steht es mit dem Gebet für diejenigen, die den Herrn nicht kennen? Wir können die Verlorenen für Christus beanspruchen, weil Er will, daß alle gerettet werden (2. Petr. 3,9; 1. Tim. 2,4). Zwischen dem Gebet der Gläubigen und der Rettung der Verlorenen besteht ein enger Zusammenhang. Flehen wir zu Gott um ihretwillen.

Wie steht es mit dem Gebet für die Kranken? Dürfen wir glauben, daß Gott alle heilen wird, wenn wir für sie beten? Einige Gotteskinder sind davon überzeugt. Wir müssen aber die Erfahrungen des Apostels Paulus (2. Kor. 12,8.9), des Trophimus (2. Tim. 4,20), des Epaphroditus (Phil. 2,25–30), des Timotheus (1. Tim. 5,23) und anderer beachten, die alle Krankheiten zu tragen hatten, obwohl sie mit Gott wandelten. Wenn jedes Kind Gottes das Recht hätte, zu heilen, würde niemand mehr an einer Krankheit sterben. Christus heilte viele Menschen, auch die Apostel heilten. Viele wurden seither in Seinem Namen geheilt. Das Gebet des Glaubens kann auch heute noch Kranke heilen (Jak. 5,15). Wenn wir vor dem Herrn die Überzeugung haben, daß es Sein Wille ist, jemanden zu heilen, können wir dementsprechend beten.

Wie steht es mit den grundlegenden Fragen bezüglich Wohnung, Arbeit, Reisen und Wirken für Gott (Jak. 4,13–15)? Sind wir bereit, Seinen Willen zu tun (Luk. 22,42)? Wollen wir göttlichen Rat annehmen (Spr. 11,14)? Sind wir bereit, abzuwarten, bis wir über eine Sache Gewißheit haben? Sind wir bereit, so zu entscheiden, wie es Seinen Interessen entspricht (Matth. 6,33)? Dann wird Er uns führen (Spr. 3,5.6). Wir wollen vor Ihn treten und bereit sein, Seinen Willen zu tun (Joh. 7,17).

4. *Das Vorrecht des Gehorsamen.* Auf die Notwendigkeit, unbefleckt vor Gott zu stehen, wurde bereits hingewiesen. Sünde macht den Himmel ehern (5. Mo. 28,23). Aber aktiver Gehorsam auf jedem Gebiet bringt die Verheißung von Gottes Segen mit sich (Jes. 1,19; Jer. 7,23). Der Herr Jesus war auf jedem Gebiet des Lebens gehorsam. „Ich tue allezeit das Ihm Wohlgefällige“, sagte Er (Joh. 8,29). Und es ist wohl bedeutsam, daß der Herr Jesus erhört wurde, wann immer Er betete. Laßt uns in Ihm bleiben, auf daß wir erhalten, was immer wir bitten (Joh. 15,7).

Gebetserhörungen

Wird Gott unser Gebet immer erhören, wenn wir diese Bedingungen erfüllen? Die Antwort ist „Ja". Wir sollten uns aber erinnern, daß Gott Gebet auf verschiedene Weise erhört.

Lehmann Strauß spricht von *direkter Erhörung, verzögerter Erhörung, unerwarteter Erhörung, abgelehnter Erhörung;*[3] dazu kommt noch die *nachteilige Gebetserhörung* auf solche Bitten, die man besser nicht gestellt hätte.

1. *Direkte Erhörungen* sind z.B. die Befreiung des Petrus aus dem Gefängnis, während die Gemeinde betete (Apg. 12,5–11). Oder das Gebet des Elia, das zuerst den Himmel verschloß und dann wieder öffnete (Jak. 5,17.18). Der Psalmist frohlockte, daß Gott seine Gebete erhört hatte (Ps. 116,1.2).

2. *Verzögerte Erhörungen.* Ein Beispiel dafür ist der Ruf von Millionen von Gläubigen nach dem Kommen des Herrn Jesus (Off. 22,20). Die Zeit ist noch nicht reif. Maria und Martha baten den Herrn Jesus, zurückzueilen und ihren Bruder zu heilen, aber der Herr Jesus wartete, bis Lazarus gestorben war (Joh. 11,3–6.14.15). Das gab dem Herrn Gelegenheit, ein größeres Wunder zu tun, indem Er ihn von den Toten auferweckte. Auf den Herrn zu warten ist oft nicht leicht – aber es lohnt sich (Ps. 69,3; 37,7.9.34).

3. *Unerwartete Erhörungen.* Gott will den Gegenstand unserer Bitten durch Besseres ersetzen. Der Herr hatte etwas besseres für Paulus, als seinen Pfahl im Fleisch wegzunehmen: Seine allgenügsame Gnade (2. Kor. 12,7–9). Das Gebet des Herrn Jesus in Gethsemane war: „Wenn es möglich ist, so gehe dieser Kelch an mir vorüber, doch nicht wie ich will, sondern wie du willst" (Matth. 26,39). Die Antwort des Vaters hatte zur Folge, daß Millionen von verlorenen Menschen durch das vergossene Blut Seines Sohnes gerettet wurden.

4. *Abgelehnte Erhörungen.* Ein Beispiel ist Elias Bitte, daß er sterben möge (1. Kön. 19,4.5), die er in einer Zeit der Schwäche und Verzweiflung ausgesprochen hatte. Er wurde statt dessen gestärkt und wiederhergestellt. Die Jünger wollten Feuer vom Himmel fallen lassen, um ein samaritisches Dorf zu verzehren (Luk. 9,54), aber der Herr war gekommen, zu retten, und nicht zu zerstören.

5. *Nachteilige Erhörungen* sehen wir in Israels Klage und Bitte um einen König (1. Sam. 8,5–18), was einer Verwerfung Gottes entsprach, und Hiskias Wunsch, länger leben zu dürfen (2. Kön. 20,1–6), was zu tragischen Ereignissen führen sollte (2. Kön. 20,12–19). Daß es möglich ist, daß Gott unsere Bitte erfüllt und doch seelische Leere bewirkt,

sollte in uns ein tieferes Sehnen erwecken, nach Seinem Willen zu beten (Ps. 106,15).

Weitere Segnungen des Gebetes

1. *Geistliche Kraft* kommt zu uns im Gebet, indem wir von der Quelle Erneuerung für unsere Seelen bekommen (Jes. 40,31).

2. *Geistliche Heiligkeit* wird dem zuteil, der den Aufruf des Herrn, „Wachet und betet, damit ihr nicht in Versuchung kommt", beachtet (Matth. 26,41; 6,13).

3. *Geistliche Vollmacht* erfüllt unseren Dienst, wenn wir um Freimütigkeit beten (Apg. 4,29–31) und Weisheit von oben suchen, um unseren Gegnern zu antworten (Apg. 6,10).

4. *Geistliche Gemeinschaft* mit Gott im Gebet befähigt uns, die Dinge so zu sehen, wie Er sie sieht und in der Erkenntnis Seiner selbst und Seiner Wege zu wachsen (Apg. 10,9–35).

5. *Geistliche Erleuchtung* wird uns zuteil, wenn wir Gott bitten, unsere Augen zu öffnen, um Sein Wort (Ps. 119,18) und den Weg, den unsere Füße gehen sollen, zu verstehen (Ps. 119,105).

Denken Sie an die unbegrenzten Mittel des Gottes, zu dem wir kommen. Er kann jedes Bedürfnis befriedigen nach „seinem Reichtum in Herrlichkeit in Christus Jesus" (Phil. 4,19). „Was bei den Menschen unmöglich ist, ist möglich bei Gott" (Luk. 18,27).

Er stellt an unsere Herzen die herausfordernde Frage: „Sollte mir irgendein Ding unmöglich sein?" (Jer. 32,27; 1. Mo. 18,14). Wenn wir glauben und nicht zweifeln, werden wir die Antwort erfahren.

1 R.A. Torrey, „The Power of Prayer", New York 1924, Seite 69
2 Cameron Thompson, „Master Secrets of Prayer", Lincoln (Nebraska) 1959, Seite 10f.
3 Lehmann Strauß, „Sense and Nonsense about Prayer", Chicago 1974, Seite 117f.

STUDIENFÜHRER ZU LEKTION 10

Lehre uns beten

1. Welche zwei Aspekte des Gebets werden in Psalm 100,4 erwähnt? Wie würden Sie den Unterschied zwischen den beiden definieren? Welches ist schwieriger für Sie? Warum?

2. Für welche Wohltaten dankt der Psalmist dem Herrn in Psalm 103? Wie preist der Psalmist den Herrn für Seine Eigenschaften und für Seinen Charakter?

3. Legen Sie eine Liste an, auf der Sie schreiben, was Gott für Sie getan hat, und *danken Sie Ihm* für das, *was Er getan hat.* Schreiben Sie auf eine andere Liste die Eigenschaften Gottes und *beten Sie Ihn an* für das, *was Er ist!*

Gründe zum Danken *Gründe zur Anbetung*

4. Worüber betet David in Psalm 32,1–5? Was sagt David über den Zustand eines Menschen vor und nach dem Sündenbekenntnis?

5. Wie wichtig sah Samuel das Gebet für andere (1. Sam. 12,23)? Für wen sollten wir beten?

Epheser 6,18–20

1. Timotheus 2,1–4

Lukas 6,28

Jakobus 5,16

Was können Sie praktisch tun, um sicher zu gehen, daß Sie regelmäßig und wirksam für andere beten? Verwenden Sie die Gebetsliste (Lektion 8) eine Woche lang. Danach werden Sie vielleicht Ihre eigene Methode entwickeln wollen.

6. Für welche persönlichen Anliegen sollten wir beten?

Psalm 37,5

Matthäus 26,41

Hebräer 4,16

Jakobus 1,5

1. Petrus 5,7

Wie kann Nachsinnen über eigene Bedürfnisse eine Hilfe im Gebet für andere sein?

7. Bestimmen Sie die *Bedingungen* für erfolgreiches Gebet:

   Johannes 15,7

   1. Johannes 5,14.15

   Johannes 14,13

   Matthäus 21,22

   Was bedeutet Ihrer Meinung nach „beten im Namen des Herrn Jesus"?

8. Bestimmen Sie *Hinderungsgründe* für wirksames Gebet.

   Sprüche 21,13

   Sprüche 28,9

   Hesekiel 14,3

   Maleachi 1,8.9

   Matthäus 6,14–15

   Jakobus 1,6.7

   Jakobus 4,2.3

   1. Petrus 3,7

9. Ordnen Sie die verschiedenen Arten von Gebetserhörung den passenden Bibelstellen zu!

direkt	a) Johannes 11,3–6.14.15
verzögert	b) Apostelgeschichte 12,5–11
abgelehnt	c) 4. Mose 11,18–20; Psalm 106,15
nachteilig	d) 1. Könige 19,4.5

10. Geben Sie mit eigenen Worten Philipper 4,6.7 wieder!

Wie würden Sie Ihr eigenes Gebetsleben in bezug auf diese Bibelstelle einstufen? Welche Änderungen haben Sie vor?

LEKTION 11

Wir sind Seine Zeugen

Ist der Durchschnittsmensch in Gefahr, seine Seele auf ewig zu verlieren? Der Herr Jesus sagte: „Denn eng ist die Pforte und schmal der Weg, der zum Leben führt, und wenige sind, die ihn finden" (Matth. 7,14). In welchem Zustand befindet sich ein Freund oder Nachbar, bei dem nichts darauf schließen läßt, daß er den Herrn Jesus kennt? „Wer aber nicht glaubt, der ist schon gerichtet, weil er nicht geglaubt hat an den Namen des eingeborenen Sohnes Gottes" (Joh. 3,18). Das sind erschreckende Worte, die uns nicht untätig oder passiv lassen sollten. Wie können wir das mit der allgemeinen Beobachtung vereinbaren, daß vielleicht 95% aller Christen es nicht als wesentlichen Teil ihrer Berufung ansehen, das Evangelium weiterzugeben? Der Herr Jesus sagte vor 2000 Jahren: „Die Ernte zwar ist groß, der Arbeiter aber sind wenige!" (Matth. 9,37). Beachten wir, daß es nicht an Gelegenheit oder Möglichkeit fehlt, es sind zu wenig *Arbeiter* da.

Die Sorge des Herrn Jesus um Menschenseelen war so groß, daß Er über eine Stadt weinte, die Ihn verworfen hatte (Luk. 19,41.42). Er wollte nicht, „daß irgendwelche verlorengehen, sondern daß alle zur Buße kommen" (2. Petr. 3,9). Er wollte, daß alle Menschen gerettet werden und zur Erkenntnis der Wahrheit kommen (1. Tim. 2,4). Der Herr Jesus gab Sein Leben hin, indem Er von Ort zu Ort zog und das Reich Gottes verkündigte. Er war der große persönliche Evangelist, der nach dem Bericht der Evangelien die meisten Menschen einzeln gewann. Der Herr Jesus stellte Seinen Zuhörern den Schrecken einer gottfernen Ewigkeit vor Augen und ermahnte sie, Gott zu fürchten, der die Macht hat, Seelen der Hölle zu übergeben (Matth. 10,28).

Aufruf zum Zeugnis

Der Aufruf des Herrn: „Kommt mir nach und ich werde euch zu Menschenfischern machen!" (Matth. 4,19) ist unmißverständlich. Er wollte, daß sie ihre Netze weglegten; Er hatte mehr Interesse für das Meer der lebenden Menschen als für Fische (Luk. 5,4.10). Er forderte sie auf, als geistliche Erntearbeiter auszugehen. „Hebt eure Augen auf und schaut die Felder an, denn sie sind schon weiß zur Ernte. Der da erntet, empfängt Lohn und sammelt Frucht zum ewigen Leben" (Joh. 4,35–36). Sie sollten das Wort Gottes in die Herzen der Menschen säen (Mark. 4,14).

Sie sollten es mit ihren Gebeten begießen und Seelen für das Reich Gottes ernten. Sie sollten Zeugen im Gerichtssaal einer oft unfreundlichen Welt sein (Apg. 1,8). Der Geist Gottes wurde ihnen gegeben, um sie zu befähigen, die Botschaft Gottes den Verlorenen zu verkünden: So gingen die ersten Christen überall hin und predigten das Wort (Apg. 8,4).

Es ist erstaunlich, daß Gott ein dermaßen wichtiges Werk schwachen Menschen anvertraut hat. LeRoy Eims schreibt: „Gott hätte Johannes 3,16 jeden Tag über den ganzen Himmel schreiben können. Oder Er hätte es in den Sternen buchstabieren lassen können. Statt dessen hat Er uns die entscheidende Aufgabe der Weitergabe des Evangeliums anvertraut."[1]

Es ist von heiligem Ernst, daß uns das Evangelium anvertraut ist (1. Thess. 2,4), und es sollte uns ein brennendes Anliegen sein, eine Frage von Leben oder Tod (Röm. 9,3). Die „Erlösten des Herrn sollen so sagen" und nicht still sein (Ps. 107,2). Ein Mann, der Dämonen mit Namen Legion hatte, offenbarte seine dämonische Besessenheit durch ein wildes Leben zwischen den Gräbern. Als er gerettet war, sandte ihn der Herr Jesus sofort als Zeugen für die Seinigen aus (Mark. 5,19). Eine unmoralische und biblisch ungebildete Frau wurde Seine erste evangelistische Zeugin in einem fremden Gebiet (Joh. 4,28.29.39). Der Blinde, den der Herr Jesus geheilt hatte, wußte auch nicht viel, aber er konnte sagen: „Eins weiß ich, daß ich blind war und jetzt sehe" (Joh. 9,25). Kein Vers der Heiligen Schrift sagt aus, daß das Bekenntnis Christi als geistliche Gabe nur wenigen oder nur berufsmäßig ausgebildeten Gläubigen anvertraut ist. Wenn wir schon nicht wie Petrus sprechen können, dann können wir vielleicht andere wie Andreas zu dem Herrn Jesus bringen (Joh. 1,40–42). Niemand kann unseren Bekanntenkreis in der Art und Weise erreichen wie wir. Es ist nicht die Verantwortung eines anderen, sondern unsere, jene zu warnen, die noch in ihrer Sünde leben.

Was uns am Zeugnis hindert

Es ist offensichtlich, daß es viele Hindernisse gibt, die die Gläubigen von ihrer wichtigen gottgegebenen Aufgabe abhalten.

1. *Furcht.* Wir scheuen uns davor, andere zu beleidigen, ihnen zu widersprechen oder Fanatiker genannt zu werden. Manchmal haben wir einfach Angst, etwas falsch zu machen. Aber die Schrift sagt: „Menschenfurcht legt einen Fallstrick" (Spr. 29,25). Furcht blockiert den Segen Gottes und steht im Gegensatz zu Seiner ständigen Aufforde-

rung: „Fürchte dich nicht!“ Was können wir tun? Um Freimütigkeit bitten! (Apg. 4,29). Sogar ein Mann wie Paulus kannte Furcht auf diesem Gebiet und Gott segnete seine Entschlossenheit, dennoch für den Herrn Jesus Zeugnis zu geben (1. Kor. 2,3). Andere Gläubige werden ermutigt, wenn wir freimütig sind (Phil. 1,14). Wer Mut hat, handelt auch, wenn er sich fürchtet.

2. *Mangelnde Vollmacht.* Wenn durch unser Leben nicht das Evangelium von Jesus Christus sichtbar wird, werden wir keinen Erfolg haben (Phil. 1,27). Der Herr wollte nicht, daß Seine Nachfolger versuchten, ohne die Kraft des Heiligen Geistes in ihrem Leben Zeugen zu sein (Luk. 24,49). Das Zeugnis gottesfürchtiger Gläubiger besteht in „Erweisung des Geistes und der Kraft“ (1. Kor. 2,4).

3. *Mangel an Schulung.* Der Herr verbrachte viel Zeit damit, Seine Jünger zu lehren. Wenn wir unbeholfen sind und keinen geeigneten Bibelvers wissen, mögen wir den Wunsch haben, aufzugeben. Es ist daher wertvoll, ein wohlvorbereitetes Zeugnis zu haben. Wir sollten auch einige einfache Bibelverse, die klar den Weg der Errettung zeigen, auswendig lernen.

   Hier ist eine einfache Abfolge von Bibelversen, die oft verwendet wird:
   a. Gott bietet uns ewiges Leben an (Joh. 5,24).
   b. Alle haben gesündigt (Röm. 3,23).
   c. Die Strafe für Sünden ist der Tod (Röm. 6,23).
   d. Alle Menschen werden aufgefordert, sich zu bekehren und Buße zu tun (Apg. 3,19).
   e. Christus hat unsere Sünden auf dem Kreuz getragen (1. Petr. 2,24).
   f. Christus ist der menschgewordene Gott (Joh. 1,1.14).
   g. Die Errettung ist aus Gnade und nicht aus Werken (Eph. 2,8.9).
   h. Christus aufnehmen bedeutet ewiges Leben haben (1. Joh. 5,11.12).
   i. Wir werden eingeladen, Ihn aufzunehmen (Joh. 1,12).
   j. Wir sollen Jesus als Herrn bekennen (Röm. 10,9.10).
   k. Wir können wissen, daß wir ewiges Leben haben (1. Joh. 5,13).

4. *Untätigkeit.* Untätigkeit kann auch noch vorkommen, wenn die übrigen Mängel behoben sind. Neubekehrte sind in der ersten Zeit oft ein brennenderes Zeugnis für den Herrn als später, wenn sie mehr dazugelernt haben. Grundlose Untätigkeit wird in Prediger 11,4 folgendermaßen dargestellt: „Wer auf den Wind achtet, wird nicht säen und wer auf die Wolken sieht, wird nicht ernten.“

Zeugnis durch das Wort

Zeugnis geben heißt auch, anderen von Christus zu erzählen. So können wir einen Anfang machen:

1. *Werden Sie richtig begeistert über Jesus Christus!* Erzählen Sie anderen mit viel Freude von Ihm! Obwohl Er der umstrittenste Mensch in der Geschichte ist, ist Er auch der faszinierendste! Es geht vor allem um Ihn und nicht um die Gemeinden oder die versagenden Christen!

2. *Ergreifen Sie die Initiative!* Der Herr Jesus war ein Sucher. Er wartete nicht, bis die Menschen zu Ihm kamen (Luk. 19,10). Er ging in viele Häuser und Ortschaften, um verlorene Seelen zu finden. Versuchen Sie, Brücken des Vertrauens zu anderen zu bauen und sich offen und frei mit ihnen zu unterhalten. Interessieren Sie sich für andere!

3. *Finden Sie gemeinsame Interessen!* Wir müssen lernen, gute Zuhörer zu sein. Es sollte möglich sein, gemeinsame Gesprächsthemen und Beschäftigungen zu finden, die uns nicht in die Welt und ihre Verdorbenheit hineinziehen. Aktuelle Ereignisse können einen Einstieg in ein geistliches Gespräch ermöglichen. Ziele, Ambitionen oder Nöte der Menschen sind auch Gelegenheiten dazu.

4. *Beten Sie um gottgeführte Begegnungen!* Gott möchte uns zu suchenden Herzen führen (Apg. 8,26–39). Jeder einzelne Mensch ist Ihm wichtig und Er führt Seine Diener oft weite Strecken, um mit einem einzigen Menschen zu sprechen (Joh. 4,3–7). Beten Sie, daß Sie wenigstens eine Seele für Christus gewinnen dürfen!

5. *Verwenden Sie das Wort Gottes!* Der Same ist das Wort. Es ist das Mittel, durch das Menschen von neuem geboren werden (1. Petr. 1,23). Unser Auftrag ist, das Wort mitzuteilen (Phil. 2,16). Gott wird dafür sorgen, daß es Seine Absicht erfüllt (Jes. 55,10.11).

6. *Erzählen Sie, wie Sie Christ wurden!* Sie sollten sich über Ihre eigene Errettung im klaren sein und fähig sein, den Weg anderen klar zu zeigen. Schreiben Sie Ihr Zeugnis auf, üben Sie es und verwenden Sie es dann. Die nächste Lektion wird Ihnen dabei helfen.

7. *Stellen Sie gute Fragen!* Das war auch die Methode des Herrn Jesus. Fragen Sie: „Sind Sie an geistlichen Dingen interessiert?“ Christen, die mit Fragebögen versuchen, erste Kontakte zu machen, stellen oft folgende Frage: „Wir sind unterwegs, um mit Leuten darüber zu

reden, was Jesus Christus mit der heutigen Zeit zu tun hat. Haben Sie einige Minuten Zeit?" Versuchen Sie, die Einstellung der Menschen zum heutigen Weltgeschehen und zur Zukunft herauszufinden. Ein beliebtes Thema, worüber in letzter Zeit viele Bücher herausgegeben werden, ist die Frage, ob es ein Weiterleben nach dem Tod gibt.

Zeugnis durch unser Leben

Unser Zeugnis beschränkt sich nicht auf Worte, sondern umfaßt unser ganzes Leben. „So laßt euer Licht leuchten vor den Menschen, damit sie eure guten Werke sehen und euren Vater, der in den Himmeln ist, verherrlichen" (Matth. 5,16). Einer der größten Einwände gegen das Christentum ist die Klage, daß „in der Kirche zu viele Heuchler sind". Obwohl das oft nur eine Ausrede und nicht der wahre Grund ist, warum Menschen sich nicht bekehren wollen, müssen wir zustimmen, daß bereits ein einziger Heuchler in der Kirche zuviel ist. Auch unser Herr lehnte die religiösen Heuchler ab (Matth. 23,13–29). Wir sollen ein so gutes Leben führen, daß sich die Menschen schämen müssen, wenn sie schlecht über uns reden (Tit. 2,8; 1. Petr. 3,16).

Obwohl alle Gläubigen als Zeugen Christi aufgerufen sind, haben sich nicht alle Gott so zur Verfügung gestellt, daß Er sie gebrauchen kann. Folgende Charakterzüge sollten sichtbar werden:

1. *Ein Leben, das von Gott genährt wird.* Ob wir Frucht bringen, hängt ab von unserem Bleiben in Christus, dem wahren Weinstock, von unserem täglichen Schöpfen aus Seiner Fülle. „Denn getrennt von mir könnt ihr nichts tun!" sagte Er (Joh. 15,5). Ein wichtiger Punkt in dieser Nahrung ist eine gewinnbringende tägliche Zeit der Gemeinschaft mit dem Herrn. „Das Wort Gottes soll reichlich in uns wohnen" (Kol. 3,16).

2. *Ein Leben, das von Gott regiert wird.* Völlige Hingabe ist die beste Eigenschaft, die Ton in des Töpfers Hand haben kann (Jer. 18,6). Wenn uns der Geist Christi regiert, werden wir in von Gott vorbereiteten Situationen vom Herrn reden dürfen.

3. *Ein Leben, das überströmt auf andere.* Wenn Gottes Geist aus unserem Leben strömt, werden Menschen ergriffen und erquickt (Joh. 7,38). Wirksames Zeugnis ist das „Überströmen des Lebens Christi".[2] Die Güte und Freundlichkeit, die Menschen durch uns erfahren, beeindruckt sie mehr als Bibelverse oder Informationen über Veranstal-

tungen. Wir müssen ihnen zur Verfügung stehen und uns nicht isolieren (Luk. 15,1.2). Der Herr Jesus wußte um die Probleme, Leiden und Sorgen der Menschen. Er gab ihnen Speise, heilte und tröstete sie, während Er den Samen des Wortes Gottes ausstreute (Matth. 13,37).

Viele Menschen wissen etwas über Jesus Christus, sind aber weit von der Errettung entfernt. An Christus glauben erfordert eine Lebensübergabe, die uns in eine lebendige Beziehung mit einer wirklichen Person bringt. Ungerettete Menschen verstehen das nicht. Und darüber wollen wir sprechen. Wir wollen Christus als Lebensinhalt anderen mitteilen. Und das können wir dann am besten, wenn Er ein unübersehbarer Teil unseres Lebens geworden ist. In der Tat, Christus ist unser Leben (Kol. 3,4).

Zusammenfassung

Die stärkste Motivation, unseren Glauben weiterzugeben, sollte die Liebe Christi sein (2. Kor. 5,14). Er starb für uns und gab uns einen Befehl, der uns zum Handeln bringen sollte. Die zweite Motivation sollte ein liebevolles Kümmern um andere sein. Beide hängen zusammen (Matth. 22,37–39). Brauchen wir dann noch eine zusätzliche Motivation, so können wir diese Herausforderung eines Ungläubigen betrachten: „Wäre ich in Wahrheit fest überzeugt, wie Millionen Menschen es von sich behaupten, daß die Kenntnis und das Verwirklichen einer Religion in diesem Leben das Schicksal in einem nächsten Leben beeinflußt, dann wäre Religion für mich *alles.* Ich würde irdisches Vergnügen als unnötigen Ballast, irdische Sorgen als Narrheit und irdische Gedanken und Gefühle als Zeitverschwendung abtun. Religion wäre mein erster Gedanke beim Aufstehen, meine letzte Vorstellung, bevor mich der Schlaf ins Unbewußte trägt. Ich würde sie zu meinem Lebensziel machen. Ich würde nicht um vergängliches Fleisch oder um weltliche Schätze arbeiten, sondern nur um die Krone der Herrlichkeit im Himmel, wo Schätze und Glück gleichermaßen außerhalb der Reichweite von Zeit und Zufall sind. *Eine Seele für den Himmel gewonnen, wäre mir lebenslanges Leiden wert....* Ich würde mir zum Ziel machen, nur auf die Ewigkeit und die unsterblichen Seelen um mich zu sehen, die bald ewig elend oder ewig glücklich sein würden. Ich würde alle, die nur an diese Welt denken, das Erreichen zeitlichen Glücks und vergänglichen Reichtums – sie alle würde ich für Verrückte halten. Ich würde in die Welt ziehen und zu ihr predigen, zu passenden und unpassenden Gelegenheiten; und mein Predigttext wäre: Was nützt es dem Menschen, wenn er die ganze Welt gewinnen und dabei seine Seele verlieren würde?“[3]

1 LeRoy Eims, „Winning Ways“, Wheaton (Illinois) 1974, Seite 26
2 LeRoy Eims, „What every Christian should know about Growing“, Wheaton (Illinois) 1976, Seite 103
3 zitiert von J. Oswald Sanders, „The Divine Art of Soul Winning“, Chicago o.J., Seite 13f.

STUDIENFÜHRER ZU LEKTION 11

Wir sind Seine Zeugen

1. Lesen Sie Markus 5,2–20. Was gebot Jesus dem Mann, den Er gerade geheilt hatte (V. 19)?

   Welchen Zweck hatte die Bitte Jesu?

   Wie verhielt sich der Mann auf diese Bitte hin und was war das Ergebnis (V.20)?

   Wie können Sie diese Bibelstelle auf sich persönlich anwenden?

2. Geben Sie 2. Korinther 5,18.20a mit eigenen Worten wieder!

   Was ist Ihre Verpflichtung und wie wollen Sie sie erfüllen?

3. Wie würden Sie auf diese Feststellung reagieren: „Von Christus erzählen ist Sache der Evangelisten!“

4. Was sagen folgende Verse über das ewige Schicksal des Ungläubigen aus?

   Matthäus 7,13

   Matthäus 13,41.42

   Wie sehen Sie Ihre Verantwortung den Verlorenen gegenüber, wenn Sie Hesekiel 33,1–9 betrachten?

5. Aus Furcht vor Ablehnung oder Zurückweisung bekennen wir manchmal den Herrn Jesus vor unseren Bekannten und Freunden nicht. Werden wir auf irgendeine Weise für sie verantwortlich gemacht (Hes. 33,1–9)?

6. Ein sehr wichtiger Aspekt des Evangelisierens ist das tägliche Zeugnis durch unser Leben. Woran sehen wir, daß die Thessalonicher durch ihr Leben den Herrn Jesus bezeugten (1. Thess. 1,5–9)?

Wie können Sie Matthäus 5,16 in Ihrer Nachbarschaft, Ihrer Schule oder am Arbeitsplatz verwirklichen? Machen Sie konkrete Vorschläge!

7. Einige Gläubige finden, es sei nicht notwendig, das Evangelium weiterzusagen, da unser Leben ohnehin ein Zeugnis ist. Wie würden Sie darauf antworten (Röm. 10,14–17)?

8. Wenn wir erzählen, wie Jesus Christus unser Leben verändert hat, können wir das mündliche Zeugnis und das Zeugnis durch unser Leben kombinieren. Was sagte der blinde Mann von Johannes 9,25, als er über den Herrn Jesus ausgefragt wurde?

Wie hat die Frau am Jakobsbrunnen Zeugnis vom Herrn Jesus gegeben (Joh. 4,28.29)?

Was war das Ergebnis (V. 39)?

9. Das persönliche Zeugnis ist nicht nur eine ausgezeichnete Möglichkeit für einen jungen Christen, sondern kann auch von erfahrenen Christen wirkungsvoll angewandt werden. Lesen Sie Apostelgeschichte 26,1–29 und beachten Sie, wie Paulus sein persönliches Zeugnis gebrauchte. Was tat Paulus am Beginn seines Zeugnisses, um die Aufmerksamkeit seiner Zuhörer für das Evangelium zu gewinnen (Verse 2.3)?

Warum erwähnt Paulus sowohl die guten als auch die schlechten Aspekte seines Lebens *vor* seiner Bekehrung (Verse 4.5.9–11)?

Wie verwendet Paulus *Einzelheiten,* um wirksam zu beschreiben, *wie* er Christ wurde (Verse 12–15) und wie sich sein Leben verändert hatte, *nachdem* er Christ geworden war (Verse 19–22)?

Wie baut Paulus das Evangelium in sein Zeugnis ein (V. 23)? Warum ist das wichtig?

10. Nennen Sie eine Person, für die Sie beten wollen und der Sie in der nächsten Woche vom Herrn erzählen wollen ....
Tun Sie eine gute Tat für diese Person (ein Wort der Anerkennung für eine Freundlichkeit, ein Entgegenkommen, Hilfe in einer bestimmten Sache, eine Einladung zum Kaffee, usw.). Schreiben Sie auf, was Sie getan haben und wie die Person darauf reagierte.
Die gute Tat in der letzten Woche war ....
....
Die Reaktion war..
....

LEKTION 12

Das persönliche Zeugnis

Ausdrücke wie „Zeugen" und „bezeugen" hört man gewöhnlich im Gerichtssaal. Im Gerichtssaal dieser Welt werden dieselben Ausdrücke von Gläubigen verwendet, wenn sie das Bekenntnis ihres Glaubens an Jesus Christus als ihren Herrn und Erlöser ablegen. Paulus ermahnte seinen jungen Schüler Timotheus: „Ergreife das ewige Leben, zu dem du berufen worden bist und bekannt hast das gute Bekenntnis vor vielen Zeugen. Ich gebiete dir vor Gott, der allem Leben gibt, und vor Christus Jesus, der vor Pontius Pilatus das gute Bekenntnis bezeugt hat" (1. Tim. 6,12.13).

Das Bekenntnis zu Jesus Christus vor anderen ist ein großes Vorrecht und kann von Gott gebraucht werden, um andere zu Ihm zubringen. Dieses Bekenntnis kann aber auch Verfolgung auslösen oder sogar den Tod bedeuten. Die Begriffe „bezeugen" und „Zeugen" sind Übersetzungen eines biblischen Wortes, das mit unserem Wort „Märtyrer" verwandt ist. Es wird auch in diesem Sinn in der Schrift verwendet (Off. 2,13), wenn Christen ihren Glauben in Todesgefahr bekannten. Der Herr hat auch Seine Nachfolger aufgerufen, ihre Beziehung zu Ihm nicht zu verheimlichen. „Jeder, der mich vor den Menschen bekennen wird, den wird auch der Sohn des Menschen vor den Engeln Gottes bekennen" (Luk. 12,8; Matth. 10,32). Das mündliche Bekennen unseres Glaubens vor anderen wird sogar mit Errettung in Zusammenhang gebracht. „Wenn du mit deinem Mund Jesus als Herrn bekennen und in deinem Herzen glauben wirst, daß Gott ihn aus den Toten auferweckt hat, wirst du errettet werden" (Röm. 10,9). Daß wir auf der Seite des Herrn Jesus stehen, sollte kein Geheimnis sein.

Inhalt

Ein gutes Zeugnis enthält zweierlei:

1. Zunächst muß es ein Augenzeugenbericht sein. Nach der Bekehrung des Saulus von Tarsus sagte ihm Ananias folgendes: „Denn du wirst ihm vor allen Menschen ein Zeuge sein von dem, was du *gesehen und gehört hast*" (Apg. 22,15). Ein guter Zeuge berichtet von dem, was er weiß oder gesehen hat und nicht, was er vermutet oder fühlt.

In einem guten Zeugnis für Jesus Christus berichtet der Gläubige, wie er Christus begegnet ist, wie sein Leben dadurch verändert wurde und auf Grund welcher Tatsachen er den Anspruch erhebt, Kind Gottes zu sein.

2. Ein Zeuge *gibt unter Eid eine feierliche Erklärung ab als Antwort auf eine Frage über die Wahrheit einer Sache.* Der Gläubige wird aufgefordert: „Seid aber jederzeit bereit zur Verantwortung gegen jeden, der Rechenschaft von euch über die Hoffnung in euch fordert" (1. Petr. 3,15). Der Apostel Johannes gab in seinem Evangelium Zeugnis von Dingen, die er als wahr erkannt hatte. Paulus schrieb als Bestätigung für die Zweifler, daß er die Auferstehung Christi von den Toten klar bezeugen konnte. Wenn dem nicht so wäre, würde er in den Augen Gottes als falscher Zeuge dastehen (1. Kor. 15,15).

Das Zeugnis eines Gläubigen beginnt oft mit den Nöten, besonders mit dem Problem der Sünde, das ihn zu Christus brachte. „Viele aber von denen, die gläubig geworden waren, kamen und bekannten und gestanden ihre Taten" (Apg. 19,18). Denn diese waren böse in den Augen Gottes. Der Herr Jesus hat Millionen von Menschen, die von Schuldgefühlen, von innerer Leere, Sinnlosigkeit, Furcht vor dem Tod und Einsamkeit geplagt waren und keinen Frieden hatten, Errettung gebracht. Nun sind Freude und Erfüllung in ihrem Leben eingekehrt. Vor allem aber kam der Herr Jesus, um Sünder zu erretten (1. Tim. 1,15) und sie vor dem kommenden Zorn zu bewahren (1. Thess. 1,10). Die Gläubigen zeugen daher von der Zeit in ihrem Leben, da sie das Evangelium ihrer Errettung hörten und daran glaubten (Eph. 1,13). Sie erfuhren „Erlösung durch sein Blut, die Vergebung der Übertretungen nach dem Reichtum seiner Gnade" (Eph. 1,7). Ein gutes Zeugnis ist christozentrisch (Apg. 5,31.32).

Es wird mit Recht das „Zeugnis Jesu Christi" genannt (Off. 1,2.9). Von den Christen des 1. Jh. wurde besonders die Tatsache betont, daß Jesus Christus von den Toten auferstanden ist (Apg. 2,32; 4,33; 13,30.31). Sie zitierten erfüllte Prophezeiungen sowie Augenzeugenberichte. Es ist wichtig zu erzählen, wie Jesus Christus unser Leben verändert hat (1. Thess. 1,9; 1. Kor. 6,9–11). Paulus war einst ein Gotteslästerer und Christenverfolger (1. Tim. 1,13). Er wurde sogar ihr Anführer. Ein gutes Zeugnis vermag oft die Zuhörer ernstlich herauszufordern und zur Erkenntnis zu bringen, daß sie die „Buße zu Gott und den Glauben an unseren Herrn Jesus Christus" nötig haben (Apg. 20,21). Denken Sie daran, daß Gläubige geistlichen Widerstand „um des Blutes des Lammes und um des Wortes ihres Zeugnisses willen" überwinden können (Off. 12,11).

Die Gliederung eines Zeugnisses

1. *Das Beispiel der Schrift.* Das Zeugnis des Apostels Paulus in Apostelgeschichte 26,1–29 ist ein biblisches Beispiel eines Zeugnisses mit den drei folgenden Aspekten: *vor* der Bekehrung; das *Wie* der Bekehrung; *nach* der Bekehrung. Beachten Sie diese Reihenfolge in seiner Verteidigungsrede vor König Agrippa:

   a) Bevor Christus aufgenommen wurde (Apg. 26,4–11): Paulus erzählt von seinem religiösen Hintergrund und seinem Widerstand gegen Christus.

   b) Wie Christus aufgenommen wurde (Apg. 26,12–18): Paulus erzählt, wie ihm auf der Straße nach Damaskus der Herr Jesus begegnete, wie ihn der Herr Jesus wegen seiner Sünden zurechtwies, ihn aber dennoch in den Dienst Dessen berief, den er verfolgt hatte.

   c) Nachdem Christus aufgenommen wurde (Apg. 26,19–23): Paulus erzählt, wie sich sein Leben seither verändert hat und wie er Prediger geworden war gerade unter seinen Landsleuten, die ihm nach dem Leben trachteten.

2. *Ihr persönliches Zeugnis.* Wenn Sie Ihr eigenes Zeugnis geben, beachten Sie folgendes:

   a) Bevor Christus aufgenommen wurde: Welche Umstände Ihres früheren Lebens brachten Sie dazu, eine Änderung zu wünschen? Welche dieser Nöte haben Sie mit Ihren Zuhörern gemeinsam?

   b) Wie Christus aufgenommen wurde: Seien Sie konkret, so daß die Zuhörer dies nicht bloß als eine vage geistliche Änderung verstehen, sondern als Begegnung mit dem lebendigen Gott verstehen. Wie, wann und wo fand sie statt?

   c) Nachdem Christus aufgenommen wurde: Welche offensichtlichen Veränderungen in Ihrem Leben fanden statt? Welche Vorteile hat es, Christ zu werden? Was berührt die Herzen der Zuhörer?

Der Inhalt eines Zeugnisses

Sie sollten sich an die folgenden Leitlinien halten, wenn Sie Ihr Zeugnis vorbereiten:

1. Der Herr Jesus muß im Mittelpunkt stehen. Erzählen Sie, was Er getan hat!

2. Gebrauchen Sie Gottes Wort (Hebr. 4,12; Eph. 6,17). Erwähnen Sie die Verse, die Gott benützt hat, um Ihr Gewissen anzusprechen. Gottes Wort hat Vollmacht und überführt den Sünder (Mark. 1,22).

3. Sprechen Sie persönlich („ich" und „mein") und natürlich, und „predigen" Sie nicht.

4. Seien Sie vorsichtig im Umgang mit religiösen Redewendungen und christlichen Ausdrücken wie „von neuem geboren", „Buße" und sogar „gerettet", die den Zuhörern unverständlich sind. Wenn Sie diese Ausdrücke aber verwenden, erklären Sie, was Sie meinen!

5. Erwähnen Sie in Ihrer Geschichte Punkte, mit denen die Menschen sich identifizieren können. Einzelheiten können oft interessant sein. Gebrauchen Sie Worte, die ein lebendiges Bild malen.

6. Sprechen Sie mehr von Tatsachen als von Gefühlen. Das gibt ein gutes Zeugnis!

7. Seien Sie liebevoll in dem, was Sie sagen (Luk. 4,22), nicht bitter oder hart gegen andere Gruppen. Sprechen Sie bescheiden, nicht arrogant!

Der Ablauf der Vorbereitung

1. Beten Sie um Weisheit und Führung, um gut erklären zu können, wie Sie das neue Leben in Christus gefunden haben.

2. Schreiben Sie kurze Notizen auf drei verschiedene Blätter, die folgendermaßen überschrieben sind:
   1. VORHER 2. WIE 3. NACHHER

3. Schreiben Sie ein langes, ausführliches Konzept unter Verwendung der Notizen auf den drei Blättern. (Es wird ungefähr zehn Minuten dauern, dieses Konzept vorzulesen.)

4. Kürzen Sie Ihr Konzept auf vier Minuten. Überprüfen Sie Ihr Zeugnis, indem Sie die Punkte unter „Gliederung" und „Inhalt" zu Rate ziehen!

5. Kürzen Sie Ihr Konzept auf eine Lesedauer von weniger als vier Minuten.

6. Fassen Sie ihre drei-vierminütige Darstellung auf einem kleineren Kärtchen zusammen. Lernen Sie nun Ihr Zeugnis mit Hilfe dieses Kärtchens zu geben.

7. Lernen Sie auch, Ihr Zeugnis ohne diese Hilfe in drei bis vier Minuten zu geben.

Übung in der Gruppe

In dieser Lektion soll ausschließlich das Mitteilen des persönlichen Zeugnisses geübt werden. Wir werden uns in kleine Gruppen aufteilen (zu je sechs Personen oder noch weniger). Alle geben der Reihe nach ihr Zeugnis. Vielleicht möchten Sie Ihr kleines Kärtchen benutzen, um Ihr Gedächtnis aufzufrischen. Einige werden vielleicht ihr Zeugnis vorlesen wollen, aber es wird empfohlen, dazu nur die Kärtchen zu benützen. Die Gruppe wird nun Vorschläge bringen, wie diese Zeugnisse verbessert, gekürzt, präziser gemacht oder auch erweitert werden können, je nach Bedarf.

Anmerkung der Herausgeber: Bei dem Ablauf der Vorbereitung und der Übung in der Gruppe handelt es sich um einige Hilfen, die natürlich nicht die Abhängigkeit vom Herrn Jesus ersetzen können, die für ein geistliches Zeugnis Voraussetzung ist.

STUDIENFÜHRER ZU LEKTION 12

Das persönliche Zeugnis

Studieren Sie die Lektion gründlich und bereiten Sie Ihr persönliches Zeugnis der „Gliederung“ und dem „Inhalt“ gemäß vor!

Die endgültige Fassung Ihres Zeugnisses sollte in die drei Hauptfragen gegliedert sein, die das *Vorher,* das *Wie* und das *Nachher* Ihrer Bekehrung deutlich herausstellen.

1. Berichten Sie über Ihr Leben, *bevor* Sie Jesus Christus als Herrn und Erretter kennenlernen durften!

2. *Wie* und *wann* wurde Jesus Christus Ihr Herr und Erlöser? Wie waren die genaueren Umstände? Auf welches Schriftwort setzen Sie Ihr Vertrauen? Erklären Sie den Zuhörern einfach und verständlich den Weg zu Gott! Geben Sie acht, daß nicht Menschen oder die Gemeinde im Mittelpunkt stehen, sondern allein der Herr Jesus Christus.

3. Wie hat sich Ihr Leben tatsächlich und ganz praktisch verändert, *nachdem* Jesus Christus Ihr Herr und Erretter geworden ist? Nur eine Lebensübergabe, die ein verändertes Leben zur Folge hatte, kann echt sein. Es hat keinen Sinn, über eine „Entscheidung“ oder über ein Gebet zu sprechen, das nicht dies zur Folge hatte.

LEKTION 13

Das Abendmahl

Es war die Nacht Seines Verrates und der Vorabend Seines Todes; es muß eine tiefbewegende Szene gewesen sein, als sich der Herr Jesus mit Seinen Jüngern zum letzten Abendmahl versammelte. Millionen Menschen aus allen Teilen der Welt erkennen die Szene sofort, wenn sie in der christlichen Kunst dargestellt wird. Die frühen Gläubigen ritzten sie in die Mauern der Katakomben ein, so tief war sie in ihren Herzen eingeprägt. In der Nacht des jüdischen Passahfestes führte der Herr Jesus etwas ganz Neues ein. Er nahm einen Laib Brot, dankte, brach ihn und reichte ihn Seinen Jüngern mit den Worten: „Nehmt, eßt, dies ist mein Leib. Und Er nahm einen Kelch und dankte und gab ihnen denselben und sprach: Trinkt alle daraus! Denn dies ist mein Blut des neuen Bundes, das für viele vergossen wird zur Vergebung der Sünden" (Matth. 26,26–28). Zwei andere Evangelienschreiber berichten mit ähnlichen Worten dasselbe (Mark. 14,22–25; Luk. 22,14–20).

Bezeichnungen für das Abendmahl

Es heißt *„Mahl des Herrn"* (1. Kor. 11,20), weil Er dazu eingeladen hat. *„Der Tisch des Herrn"* (1. Kor. 10,21) hat eine umfassendere Bedeutung, die nicht nur das Abendmahl, sondern alles meint, was Gott Seinen Kindern schenkt. Das Fest heißt *„Gemeinschaft"* (1. Kor. 10,16), weil es einen gemeinsamen Austausch und Gemeinschaft mit Christus und den Geschwistern gibt, die teilnehmen. Es heißt *„Brotbrechen"* (Apg. 2,42; 20,7; 1. Kor. 10,16), weil es ein einfaches Mahl ist und wie eine gewöhnliche Mahlzeit abläuft. Viele sprechen vom *„Gedächtnis an den Herrn"*, weil Er sich so bei der Einsetzung ausdrückte. Andere verwenden den Ausdruck *„Eucharistie"*, was „Danksagung" bedeutet, da Er dankte (Matth. 26,26); diese Bezeichnung kommt jedoch nicht in der Schrift selber vor.

Manche Kirchen bezeichnen das Abendmahl als „Sakrament". Das Wort stammt von dem Fahneneid der römischen Soldaten her *(sacramentum)*. Seither hat sich die Bedeutung des Wortes beträchtlich gewandelt. Es gibt Kirchen, die unter einem Sakrament ein Ritual verstehen, durch das Gott Gnade vermittelt, und daß es übernatürliche Eigenschaften hat, die eine besondere Wirkung auf den Teilnehmer ausüben. Manche sehen darin eine Verbindung mit der Sündenvergebung.

Es gibt aber keine solche Lehre in der Bibel. Wer die sakramentale Idee betont, steht in deutlichem Gegensatz zu denjenigen, die das Fest als Erinnerungs- oder Gedächtnisfeier sehen, in der die Symbole geistliche Wahrheiten darstellen (aber nicht vermitteln). Es ist gut, sich ins Gedächtnis zu rufen, daß die jüdischen Tieropfer nie von Sünde befreiten, sondern ein Hinweis auf das zukünftige Blutopfer des Herrn Jesus Christus am Kreuz waren. Sein Blut allein konnte von Sünden befreien (Hebr. 9,12–14).

Der geschichtliche Hintergrund des Abendmahls

Das Mahl des Herrn wurde in der Nacht des jüdischen Passahfestes eingesetzt. Gott hatte Israel 1500 Jahre zuvor aus der Sklaverei in Ägypten herausgeführt. Auf Seine Anordnung hin wurde ein fehlerloses Lamm geschlachtet und das Blut an die Türpfosten gestrichen, um die Israeliten vor dem Gericht Gottes über das ganze Land zu bewahren (2. Mo. 12). Jede Einzelheit dieses Festes, das zur alljährlichen Feier bestimmt war, ist von tiefer Bedeutung. Es wies auf das große Opfer hin, das die Sünde der Welt hinwegnehmen würde. Gott hatte Sein eigenes Lamm schon lange vorher vorbereitet (1. Mo. 22,8; Jes. 53,7). Johannes der Täufer nannte den Herrn Jesus „das Lamm Gottes, das die Sünde der Welt wegnimmt" (Joh. 1,29). Er war die Erfüllung des Passahfestes. „Denn auch unser Passah, Christus, ist geschlachtet" (1. Kor. 5,7). Das ursprüngliche Passahfest war nur ein Schatten der großen Erfüllung in Christus (Kol. 2,17; Hebr. 10,1).

Jeder gottesfürchtige Jude feierte treu das Passahfest (Matth. 26,17). Es war ein Gedenken an seine Erlösung. In der Nacht dieser heiligen Feier führte der Herr Jesus die Gedächtnisfeier mit Brot und Wein ein. Sie sollte die Gläubigen an Seinen Leib erinnern, der für sie gebrochen und an Sein Blut, das für sie vergossen wurde. Diese Feier sollte den Christen das werden, was das Passahfest den Juden gewesen war, nicht minder ernst und heilig. In der Sicht Gottes ersetzte sie das Passahfest. Israel hatte viele Zeremonien, der christlichen Gemeinde wurde aber nur eine gemeinschaftliche Feier gegeben.

Der Herr Jesus teilte dem Apostel Paulus direkt die Wichtigkeit der Feier mit, die den Gläubigen überliefert worden war. Der Herr Jesus sagte: „Dies tut zu meinem Gedächtnis" (1. Kor. 11,23–25). Das Mahl des Herrn wurde ein fester Bestandteil ihres Gottesdienstes (Apg. 2,42.46). Die frühe Gemeinde beging diese Feier wöchentlich einmal als Mittelpunkt ihrer Zusammenkünfte (Apg. 20,7). Sie wurde am Tag der Auferstehung gefeiert. Die sogenannten „Kirchenväter“ überliefern, daß sie an jedem Tag des Herrn oder Sonntag gefeiert wurde (Justin der Märtyrer und die *Didache* oder „Lehre der Zwölf“).

Die Feier des Abendmahls

1. *Wer darf teilnehmen?* Wenn das Passahfest nur für Juden war (2. Mo. 12,43), dann ist das Abendmahl auf jeden Fall nur für Christen bestimmt. Der Herr setzte das Fest für „die Seinen“ ein. Es waren Seine Jünger, die das Brotbrechen zu Seinem Gedächtnis nach Seiner Auferstehung begannen. Außerdem ist das Abendmahl nur für *vorbereitete* Christen bestimmt. Manche Gläubige kümmerten sich nicht allzu sehr um ihren geistlichen Zustand bei der Teilnahme am Abendmahl und wurden vor dem Gericht Gottes gewarnt (1. Kor. 11,18–31). Die Gläubigen wurden angewiesen, diejenigen auszuschließen, die mit der Sünde in ihrem Leben nicht brechen wollten (1. Kor. 5,12.13); ebenso diejenigen, die Lehren vertraten, die entweder das Evangelium oder die Person Christi antasteten (2. Joh. 9.10; Gal. 5,12.13). Anders ausgedrückt, alle, die Christus als Herrn und Retter bekennen und auch Seiner Heiligkeit entsprechend leben, sollen beim Abendmahl willkommen geheißen werden.

2. *Wie ist der Ablauf?* Vor allem haben wir hier das Beispiel der Einsetzung dieses Gedächtnismahles durch unseren Herrn Selbst. Das Hauptmerkmal scheint Schlichtheit und Einfachheit, nicht pompöse Feierlichkeit, gewesen zu sein. Er legte keine bestimmten Regeln oder Vorgangsweisen fest. Der Obersaal damals war keine reich verzierte Anbetungsstätte mit abgetrenntem Kommunionstisch. Er allein leitete das Mahl. Er verwendete bloß Brot und einen Becher, ganz gewöhnliche Dinge bei einer Mahlzeit. Es ist kein besonderes Brot vorgeschrieben, obwohl der Herr Jesus wahrscheinlich ungesäuertes Brot nahm. Die Betonung liegt viel eher auf unserem persönlichen Reinsein („Ungesäuertsein“), wenn wir das Mahl feiern, als auf der Brotart, die verwendet werden soll (1. Kor. 5,6–8). Im Becher befand sich „von dem Gewächs des Weinstocks“ (Mark. 14,25; Matth. 26,29). Über die Frage, ob es sich um gegorenen Traubensaft handelte oder dieser mit Wasser verdünnt war, gibt es auch endlose Debatten. Die Schrift geht hier nicht auf Einzelheiten ein. Es ist nur wichtig, daß wir im Brot und im Kelch die Zeichen für den Leib und das Blut Christi sehen. Wir sollen uns mit Ihm beschäftigen, nicht mit den Details der materiellen Symbole. Jeder der Jünger nahm etwas von dem Brot und trank aus dem Becher. Es wird betont, daß die Feier

in Ordnung ablaufen soll (1. Kor. 11,33.34). Zusammen mit dem Abendmahl fand dann oft auch ein gemeinschaftliches Essen statt.

3. *Wie beurteilen wir den Leib des Herrn richtig* (1. Kor. 11,29)? Auf jeden Fall sollen wir die Bedeutung der Symbole als Zeugnisse des Werkes des Herrn Jesus verstehen, als Er am Kreuz durch das Opfer Seiner Selbst unsere Sünden hinwegtat (Hebr. 9,26). Wir sollen unser eigenes Leben kritisch durchleuchtet haben (1. Kor. 11,28–32). Manche haben irrtümlicherweise die Worte Jesu, wo Er über das Essen Seines Fleisches und das Trinken Seines Blutes spricht (Joh. 6,53), auf das Abendmahl bezogen. Es ist jedoch so, daß sich die Aussagen in Johannes nicht auf das Abendmahl, sondern auf die geistliche Inanspruchnahme des einmaligen, vollkommen ausreichenden Erlösungswerkes Jesu Christi durch den Gläubigen beziehen. Die Behauptung „das ist mein Leib" ist ähnlich wie die Worte „ich bin die Tür". Beides sind bildliche Ausdrücke und nur zwei Beispiele von vielen. Unrichtige religiöse Lehren sprechen von übernatürlichen Umwandlungen im Zusammenhang mit den Symbolen; sie werden im folgenden untersucht:

   a) Transsubstantiation. Diese Ansicht meint, daß Brot und Wein tatsächlich in „Leib, Seele und Göttlichkeit Christi" verwandelt werden. Diese „Realpräsenz Christi" bedeutet, daß die Teilnehmer den eigentlichen Leib Christi essen. Das bedeutet, daß das Opfer Christi von Golgatha bei jeder Feier wiederholt und für die Sünden der Lebenden und Toten aufgeopfert wird. Hebräer 10,10–18 widerspricht dieser Vorstellung; hier steht eindeutig, daß es nur ein einziges, nicht zu wiederholendes Opfer für Sünden gibt. Das Opfer ist vollendet und vollkommen.

   b) Konsubstantiation. Das bedeutet, daß Brot und Wein zwar unverändert bleiben, Christus aber auf eine nicht genau erklärbare Weise gegenwärtig ist und den Teilnehmern vermittelt wird. Keine Schriftstelle lehrt dies.

   c) Impanation. Diese Ansicht lehrt, daß der Teilnehmer durch das Abendmahl Christus aufnimmt, weil „Christus Sein Leben auf uns überträgt, als ob Er gleichsam in unsere Knochen und unser Mark eindringen würde", wenn wir das Abendmahl einnehmen (Calvin). Dieser Lehre fehlt auch jede biblische Grundlage.

4. *Was erreichen wir durch das Brotbrechen?* Wenn es keine andere Wirkung hätte, so würden wir durch das Feiern des Abendmahls die letzte Bitte

des Herrn befolgen und Ihm dadurch unsere Liebe bezeugen. Das ist in keiner Weise gesetzlich. Wir würden auch das Beispiel der Apostel befolgen. Gemeinsam gedenken wir Seiner als Gläubige nicht auf unsere Art und Weise, sondern so, wie Er es bestimmt hat. Wir freuen uns, daß Er durch das Evangelium Leben und Unverweslichkeit ans Licht gebracht hat, und daß auch wir daran teilhaben dürfen. Wir haben persönlich und individuell Gemeinschaft mit der Gemeinde der Gläubigen, indem wir daran teilnehmen. Unsere Einheit kommt in dem einen Laib Brot zum Ausdruck (1. Kor. 10,17). Der Kelch spricht von der Gemeinschaft (1. Kor. 10,16). Wir sind eins mit Ihm, wie Er mit uns, in allem, was Er vollbracht hat. Wir teilen Seine Haltung gegenüber Sünde und Gerechtigkeit. Sooft wir das Brot essen und den Wein trinken, verkünden wir den Tod des Herrn (1. Kor. 11,26). Die Feier ist eine Botschaft der Erlösung. Das Abendmahl soll solange gefeiert werden, „bis er wiederkommt". Jedes Gedächtnismahl könnte das letzte vor Seiner Wiederkunft sein.

Vorbereitung auf das Abendmahl

Die Vorbereitung auf das Passahfest im Alten Testament war sehr umfassend. Wir sollten nicht weniger vorbereitet sein.

1. *Prüfung.* Zu Beginn unserer Vorbereitung auf das Mahl des Herrn sollten wir uns selbst prüfen (1. Kor. 11,28–32). Dies soll den Teilnehmer vorbereiten, nicht ausschließen. Zuerst sollte man seine eigene Beziehung zum Herrn prüfen und jede bekannte Sünde bekennen. Dann sollte man seine Beziehung zu anderen untersuchen (besonders zu anderen Christen). Es sollte der Versuch unternommen werden, Probleme mit anderen Gläubigen vor der Teilnahme an der Feier zu schlichten (Matth. 5,23.24). Die Schrift warnt vor mangelhafter Selbstprüfung, damit wir uns nicht das Gericht Gottes zuziehen. In der Gemeinde in Korinth hatte Nachlässigkeit auf diesem Gebiet körperliche Krankheit und Tod zur Folge.

2. *Einstimmung.* Wenn wir bis unmittelbar vor der Teilnahme am Abendmahl auf unsere eigene Zerstreuung und Unterhaltung bedacht waren und uns mit Dingen befaßten, die nicht unmittelbar mit dem Herrn zu tun hatten, haben wir in unserer Vorbereitung versagt. Man bereitet sich richtig auf das Abendmahl vor, indem man im Wort Gottes liest, geistliche Lieder singt und mit anderen Gläubigen oder Familienmitgliedern über den Herrn Jesus redet. Auf jeden Fall können wir nur das vor Ihn hinbringen, was zuvor schon vorbereitet

wurde. David sagte: „Denn ich will dem Herrn, meinem Gott, kein Brandopfer darbringen, das mich nichts kostet" (2. Sam. 24,24; Schlachter). Die Feier des Abendmahls wird auch nie zur Routine werden, wenn wir uns selbst richtig darauf vorbereitet haben.

Zusammenfassung

Anbetung ist die höchste Aufgabe und Ehre für den Gläubigen (Joh. 4,23; Luk. 10,41.42). Wir bringen als Priester geistliche Opfer dar (1. Petr. 2,5). Das regelmäßige Gedächtnis des Herrn hat Vorrang vor Freizeitgestaltung, Familientreffen und anderen Verpflichtungen. Als wichtiger Teil des Priestertums der Gläubigen haben wir die Möglichkeit, während der Abendmahlfeier das Opfer des Lobpreises, nämlich die Frucht unserer Lippen für Gott, Ihm darzubringen (Hebr. 13,15). Wir kommen mit materiellen Gaben als Teil unserer Anbetung vor den Herrn (Phil. 4,17.18). Schließlich sollten wir erneut unsere Leiber als lebendiges Opfer Ihm weihen (Röm. 12,1).

Der Herr Jesus sagte: „Denkt an Mich!"

Das Abendmahl

1. Untersuchen Sie den Bericht über das erste Passahfest (2. Mo. 12,1–14). Was war der Zweck der Feier (Verse 11–14)?

   Welche Rolle spielte das Lamm dabei?

2. Wie gebrauchte der Herr Jesus das letzte Passahfest (Luk. 22,7–18), um das erste Abendmahl (Luk. 22,19.20) einzuführen?

   Welche Bedeutung verlieh der Herr Jesus dem Brot und dem Kelch?

3. Was bedeutet, im Blick auf das Vorangehende und Jesaja 53,7, Johannes 1,29 und Offenbarung 5,8.9, der Ausdruck „Christus unser Passah“ (1. Kor. 5,7)?

4. Der Apostel Paulus gibt in 1. Korinther 11,23–26 weitere Erläuterungen bezüglich Zweck und Bedeutung des Abendmahls. Woher hatte der Apostel diese Lehre?

   Was verkünden wir durch die Teilnahme an Seinem Abendmahl? Erklären Sie!

   Wie lange sollen wir fortfahren, so an Ihn zu denken?

5. Welche zusätzlichen Aspekte von Brot und Kelch betont Paulus in 1. Korinther 10,16.17?

6. Wie befolgte die frühe Gemeinschaft die Anordnung des Herrn, Seiner zu gedenken (Apg. 2,42; 20,7)?

7. Auf welche verschiedenen Weisen können wir Gott in unserer Anbetung „Opfer“ darbringen (Hebr. 13,15; Phil. 4,17.18; Röm. 12,1.2)?

8. Was ist die Verantwortung des Christen, bevor er am Abendmahl des Herrn teilnimmt (1. Kor. 11,27–32)?

Worauf weisen diese Stellen und 1. Korinther 5 bezüglich der Teilnahme am Abendmahl im Zustand unbereuter Sünde hin?

9. Welche geistlichen Vorbereitungen auf das Abendmahl treffen Sie normalerweise? Was werden Sie tun, um Ihre Anbetung in Zukunft wirkungsvoller zu machen?

10. Wie wichtig sehen Sie das „Brotbrechen“ im Zusammenhang mit Ihrer gesamten Erfahrung im Gemeindeleben (Apg. 2,42)?

clv

Hardcover

M.F. Unger
Ungers Großes Bibelhandbuch

720 Seiten
ISBN 3-89397-317-6

Der Klassiker wieder neu aufgelegt! Unger schreibt: »Schon als Kind lernte ich die Heilige Schrift kennen und lieben. So habe ich schon früh in meinem Leben begriffen, was für ein großer Schatz das Wort Gottes ist und welch unbeschreiblichen Segen es denen bringt, die seine lebendigen, umgestaltenden Wahrheiten in Herz und Leben aufnehmen. So ist es nicht verwunderlich, dass sich eines Tages der Wunsch regte, andere dazu anzuregen, das Wort Gottes zu lesen und darüber hinaus ein packendes und bereicherndes Bibelstudium zu treiben.« Und so spricht dieses Buch die verschiedensten Menschen an: Nichttheologen wie Geistliche, Jungbekehrte wie reife Gläubige, Ungläubige wie bewusste Christen.